Iconofagias

Iconofagias

Un diccionario del siglo XXI

IVÁN DE LA NUEZ

DEBATE

Papel certificado por el Forest Stewardship Council®

MIXTO
Papel | Apoyando la silvicultura responsable
FSC® C117695

Penguin Random House Grupo Editorial

Primera edición: mayo de 2024

Printed in Spain – Impreso en España

ISBN: 978-84-19642-36-3
Depósito legal: B-5.947-2024

Compuesto en M. I. Maquetación, S. L.
Impreso en Black Print CPI Ibérica
Sant Andreu de la Barca (Barcelona)

C 6 4 2 3 6 3

Cada vez que a Goethe le asaltaba el miedo, se inventaba una imagen.

Salvando la infinita distancia, cada vez que a mí me asalta una imagen, lo que me gustaría inventar es una palabra.

Todavía más, pienso que las imágenes no sirven si no pueden escribirse (y no hablo de describirse). Creo que toda textura visual debe ser convertida en texto y que, en esta revancha, radica la forma literaria de la iconofagia.

Esa venganza, que ha guiado mis libros, queda recogida en este diccionario.

Índice

INGESTA

Vivimos gobernados por iconos. Despertamos, y uno nos enciende el mundo. Vamos a dormir, y otro nos lo apaga. Da lo mismo si intentamos saber del tiempo o ubicarnos en el espacio, si queremos demostrar odio o simpatía: todo es cuestión de pinchar en el icono adecuado.

Si alguien destaca en este mundo, ya no se convierte en un héroe o un mártir o un líder, sino en un icono: la idolatría suprema del siglo XXI.

Con el desplome del comunismo quedó certificada la Era Digital-Era Global-Era de la Imagen-Nuevo Orden Visual. Cualquiera de estas denominaciones confirma el asalto al poder por las imágenes, su avasallamiento absoluto de nuestra experiencia, la correspondiente proliferación de selfis y fotos compartidas en redes ubicuas de las que no es posible escapar.

Con las cámaras convertidas en apéndices humanos —tal como ha alertado Joan Fontcuberta—, ya generamos más imágenes de las que podemos consumir; imágenes que nos someten y ante las que conviene sublevarse. Imágenes que nos degluten y a las que, de vez en cuando, conviene deglutir. Imágenes que, bajo la alfombra de sus millones de reproducciones inabarcables, no consiguen ocultar las claves de esta era imaginaria que empezó con la nueva derecha poniendo a volar la cabeza de Lenin sin cuerpo sobre el cielo de Berlín y se alarga hasta un presente en el que la nueva izquierda ha echado a cabalgar el cuerpo sin cabeza de Franco sobre el suelo de Barcelona.

A esa omnipresencia podemos llamarla «Iconocracia», un término que afianza una tiranía iconográfica a la que es preciso contrarrestar, siempre que la entendamos como un ecosistema de poder y contrapoder. Un toma y daca entre gobierno y oposición en el que cabe la vomitona radical de la iconoclasia, pero también la digestión crítica de la iconofagia: ese término que han compartido Norval Baitello Junior o Alfonso Morales, ese concepto que preludiaron Oswald de Andrade, Fernando Ortiz o Claude Lévi-Strauss y que da título a una pionera exposición colectiva mexicana, comisariada por el propio Morales, que reúne algo parecido a una «ingeniería fotográfica». (Esta muestra tuvo lugar en 2005 en el Canal Isabel II de Madrid).

Esas valiosas aportaciones me acompañan en este libro, que funciona como ordenamiento y resumen de mis ideas al respecto. Tal cual el *Diccionario de símbolos* de Eduardo Cirlot. Pero, lo confieso, tengo una predilección especial por *Diccionario Jázaro*, de Milorad Pavić, o *Enciclopedia de una vida en Rusia*, de José Manuel

Prieto, los cuales me ayudaron a comprender que en todo glosario se esconden una o más novelas.

No fue hasta 2014 que comencé mi relación, de manera más profunda, con el término, a partir de una charla en la universidad checa de Olomuc y, al mismo tiempo, con la puesta en marcha de *Iconocracia. El poder de las imágenes y las imágenes del poder en la Revolución cubana*, que se expuso al año siguiente en ARTIUM, Vitoria, y más tarde en el Centro Atlántico de Arte Moderno (CAAM), las Palmas de Gran Canaria.

De ahí, también, surge este vocabulario, emplazado como una sola trama y cuyos capítulos no son más que un compendio de mis iconofagias particulares. Palabras-episodios, dispuestas para ser engullidas mediante un proceso de gestión, y digestión, de la iconografía que genera la cultura contemporánea. Términos que van desde la autofagia —somos pescadillas que constantemente nos mordemos la cola— hasta el Zoom, esa forma de iconofagia utilizada sobre todo a partir de la pandemia para —en lugar de devorarnos a nosotros mismos— zamparnos las distancias que nos separan de los otros.

En esa gestión de la digestión pondremos sobre la mesa al selfi deglutiendo el retrato, el bar licuando el colonialismo, el exhibicionismo tragándose cualquier secreto o pudor, la postdemocracia dando dentelladas a la democracia, la guerra cultural devorando el futuro, el nepotismo a los méritos, el fin de la geografía al fin de la historia, la exposición al arte, el comisariado a un artista y su obra, la retaguardia a la vanguardia, el neomacartismo al neocomunismo, la extinción a la supervivencia.

Tomen este diccionario como una pequeña letanía diurna en la que repica una y otra vez la misma pregunta: si esta es la era de la imagen, ¿cuál sería, entonces, la imagen de esta era? ¿Cuál, entre todas, calificaría como el icono que la condensara? ¿Cuál, en fin, tendría el sello indiscutible de esa imagen capaz de valer más que otras mil imágenes?

Ahí está el derribo de las Torres Gemelas o las fotos de la protesta en la calle, con el retrato robot del indignado —*The Protester*— ya bien pulido por *Time* para su portada. Ahí están las guerras (culturales o anticulturales) que persisten en la post Guerra Fría y algunas estampas de las ciudades después de un atentado. Y los millones de selfis diarios y el inefable retrato de turistas que a su vez retratan. Y la foto del niño Aylan, muerto en la playa: esa tragedia recortada de un cuadro gigantesco que engloba a millones de desplazados (y que se basta por sí misma para personalizar el malestar de esta cultura). Y el asalto al Capitolio en Estados Unidos.

Algunas pertenecen al fotoperiodismo y son habituales en eventos como Visa pour l'Image o World Press Photo. Imágenes en las que la fotografía está amalgamada con la realidad. Pero aquí se tienen en cuenta, también, aquellas iconografías que no «ilustran» o «amplifican» (una catástrofe, un récord, una conquista), sino que evidencian, precisamente, la dificultad de entender lo que está pasando. En fin, esa crítica de las imágenes por las imágenes tan propia de la iconofagia.

Siempre me ha asombrado lo siguiente: ante un hecho tan visualizado como el atentado contra las Torres Gemelas, un artista como Thomas Ruff se aplicó a conciencia este ultimátum. A una distancia normal, vemos el edificio ardiendo y el panorama es bastante obvio. Sin embargo, a medida que nos acercamos, la fotografía se pixela, queda desenfocada, y deja a la vista una imagen brumosa: un paisaje abstracto de todo lo ocurrido que nos deja perplejos.

Mientras más nos hemos aproximado, menos hemos podido discernir.

Si Stockhausen llegó a definir ese atentado como la obra de arte perfecta, a Ruff no le interesa la perfección del horror, sino el obstáculo intrínseco para su conocimiento. Allí donde Stockhausen *ve*, Ruff percibe la ignorancia del que *no alcanza a ver.* Y así, cuelga sobre nosotros una imagen que interroga esa demolición que no acabamos de comprender, pero ante la cual, por eso mismo, necesitamos *creer.*

En esa fe radica la manipulación misma de las imágenes —en solitario o en catarata— que marcan esta época.

Contra esa fe se posiciona este glosario.

Autofagia

«Un oficio del siglo XX». Así definió Guillermo Cabrera Infante la labor del crítico de cine. Y esa convicción le llevó a titular de esa manera su primera antología de reseñas y textos cinematográficos.

Todos afrontamos, sin embargo, el siguiente dilema: si la crítica de cine es un oficio del siglo XX, la iconofagia es una necesidad —fisiológica— del siglo XXI. Si la primera se comporta como un «oficio», la segunda es, sencillamente, una obligación. El primero se escoge, la segunda nos escoge a nosotros.

Un crítico de cine del siglo XX era un especialista, mientras que un iconófago no siempre está en posición de discernir. La crítica de cine plantea una lidia entre un sujeto y su objeto. En la iconofagia esa frontera se disuelve, y a menudo lo que trasluce es una batalla encarnizada entre sujetos que se transforman una y otra vez en objetos de sus depredaciones mutuas.

Hace algunos años escribí una «autocrítica de arte». Pero ¿puede entenderse la autofagia como una autocrítica de las imágenes?

Marta Sanz lo duda, pues le parece que la autofagia es lo opuesto a un canibalismo nutritivo que podría llegar a incluir la crítica cultural o la plataforma política. Así lo demostró, también, Oswald de Andrade con su *Manifiesto antropófago* en el vanguardista Brasil de hace un siglo.

Para Sanz, el canibalismo es capaz de remover la condición humana porque se abre el amor y el tabú, el miedo o la mística. (Basten los ejemplos de *Apocalipsis caníbal*, el remake de *Las minas del Rey Salomón*, o el famoso cuadro *Saturno comiéndose a su hijo*, de Goya).

Pero... en cuanto se tropieza con un médico anunciando en YouTube las bondades de la autofagia como dieta milagrosa, Sanz retrocede, hace un mohín y se niega a tragar el anzuelo. No es que la autofagia consista en comerse «una misma hasta matarse. Pero se le parece». Esto llega a pensar.

Para mí, la autofagia nos convierte en uróboros que se devoran a sí mismos por el bien de la imagen, por vanidad, por «lucir mejor». Cuando te comes a ti mismo, alcanzas los estándares de la delgadez y te pones, como se dice, en la línea. Cuando te zampas al prójimo, corres el riesgo de engordar.

Por eso la autofagia, más que en una pescadilla, se acaba convirtiendo en una pesadilla que se muerde la cola. Un mal sueño recurrente que resitúa el análisis de clase en medio de la guerra cultural. Los pobres no hacen autofagia, llega a afirmar Sanz. Sencillamente, porque no pueden acometer la cara B del ayuno intermitente ni comprar productos sanos. Tal vez porque se pasan buena parte de la vida leyendo libros de segunda mano en la puerta del Burger.

Ya sabemos que la autofagia cuenta con su premio Nobel —el científico japonés Yoshinori Ohsumi—, y que nos habla de las bondades de regeneraciones celulares, producción de energía, limpieza de células dañadas en el organismo.

Sin embargo, para los intereses de este diccionario, la autofagia acaba resultando un imposible. En el mundo de la imagen, la autofagia implica, el 99 por ciento de las veces, un egotrip que es sinónimo de autobombo. Nuestra autofagia consiste, la mayoría de las veces, en tirar lo que resulta feo, gordo, delator de nuestros defectos y excesos. Es el proceso de selección previo al océano particular de imágenes que lanzamos al cosmos de Instagram o TikTok. El descarte de lo que no nos gustaría subir a las redes. El proceso de autoedición que a cada minuto nos aplicamos, pero no para suprimirnos mejor, sino para exhibirnos mejor.

Aquí el símil con la dieta, que irritó a Marta Sanz, se desvanece. La antropofagia desaparece. La regeneración se disuelve en favor de la ubicuidad.

La autofagia es, acaso, la petulancia de dar vueltas sobre uno mismo ante una pantalla lanzada al último confín de este diccionario: el reino del Zoom.

Allí donde tendrá lugar el encuentro definitivo entre un movimiento circular que anula el desplazamiento y un contacto virtual que anula la distancia.

Bar

Distancia demandan, precisamente, tanto los mitos extraordinarios como los usos ordinarios. Decía Milan Kundera que si cada vez que recordáramos a Robespierre pensáramos en la guillotina, no tendríamos una relación tan romántica con la revolución. Esta idea, digiriéndola con su buena cucharada de hipérbole, podríamos aplicarla al colonialismo. A su pasado, desde luego, pero también a su vigencia. A sus conexiones más terribles y a las más frívolas.

Quizá, si cada vez que nos tomáramos un mojito, o nos fumáramos un habano, absorbiéramos el peso de la plantación, nuestro placer ya no sería tan incauto. Porque ese «latigazo» arrastraría los infinitos latigazos que acompañaron la producción del azúcar, el ron y, en definitiva, al régimen esclavista que puso a circular esos elíxires que hoy saboreamos en cualquier ciudad del mundo.

En esa barra del mojito —en ese humidor del habano— concurrirían las mutaciones de la plantación; actualizada en la economía de servicios que genera el turismo y en los desplazamientos humanos mucho más desesperados y trágicos. En la descolocación de las poblaciones migrantes y en la deslocalización de las empresas globales. En las minas de coltán que sustentan el teléfono móvil que no puede faltarnos un solo segundo de nuestra vida y en los paraísos prometidos para vacacionar que tampoco escasean en la publicidad que nos rodea.

Y en los anuncios de coches Touareg, marcas de ropa deportiva Quechua, mueblerías La Colonial y cervezas Hatuey que aderezan nuestros paseos diarios desde un colonialismo mutante que es tan hipervisible como invisible, tan camuflado como ubicuo. Una condición que permanece en el placer y en la rabia —el sabor y el saber—, y que al final deja brotar la verdad de que tal colonialismo no es un estatuto congelado que queda «lejos» en el espacio o «antes» en el tiempo. Que a pesar de años haciéndole frente, de los dos siglos de independencia americana o de las seis décadas transcurridas desde la descolonización de África, el fantasma colonial sigue recorriendo el mundo. Y que la persistencia de la esclavitud, la plantación, el subdesarrollo o el racismo son condiciones inalienables del capitalismo contemporáneo y no una fase «superable» del mismo.

Esta estrategia fatal del sistema es algo que uno aprende a deglutir muy pronto en el Caribe con sus primeros sustentos. Así Raúl Cepero Bonilla (*Azúcar y plantación en las Antillas*), así Manuel Moreno Fraginals

(*El ingenio*), así Eric Williams (*Capitalismo y esclavitud*). Y esa perpetuidad también es posible encontrarla en la raíz de la teoría de la dependencia, esparcida por André Gunder Frank o Theotonio dos Santos, Ruy Mauro Marini o Vania Bambirra…

Todos ellos cruzados por la atmósfera política e intelectual de los años sesenta del siglo XX; ese momento crucial en la descolonización de África y en los movimientos de liberación nacional de Asia o América Latina.

El nacimiento de esa noción se remonta, sin embargo, unos cuantos siglos atrás. A la propia conquista y los años inmediatamente posteriores a la invasión de los territorios americanos. Está en las crónicas de Bartolomé de las Casas —*Historia de las Indias*, *Brevísima relación de la destrucción de las Indias*—, que alcanzan un punto culminante en su controversia doctrinal con Juan Ginés de Sepúlveda —autor, a la contra, de *Democrates Alter*—, emplazada en Valladolid (1550-1551). Allí no sólo se puso bajo sospecha la validez moral de la conquista y el sometimiento posterior de las sociedades autóctonas, sino que se sentaron las bases para fundamentar la jurisprudencia moderna, de lo que más tarde llamaríamos «derechos humanos» y de un incipiente anticolonialismo que no ha hecho más que crecer hasta el presente.

Claro que en la *controversia* no se escuchó la voz de los pueblos indígenas, cuyos defensores o detractores todavía discutían, a nueve mil kilómetros de distancia, su «derecho de gente». No fue hasta las guerras de independencia del siglo XIX que se recuperó el legado de las primeras resistencias a la conquista, se liquidó políticamente el yugo español y se decretó legalmente el final del flagelo de la esclavitud colonial en el continente americano.

Así que, en medio de esta aceleración cultural del *blink*, el tuit, el pantallazo o el *zapping*, puede ser revelador el ejercicio de retomar a Léopold Sédar Senghor y Frantz Fanon, Stuart Hall y Aimé Césaire, Edward Said o Édouard Glissant. O regresar a aquellas ficciones verdaderas de César Vallejo y su novela *El tungsteno*, de Lydia Cabrera y sus *Cuentos negros*, o del José María Arguedas de *El zorro de arriba y el zorro de abajo*.

Estos y otros autores nos servirán de alimento para avanzar en el presente *transcolonial* del mundo. Sin obviar, en ningún caso, que la historia del pensamiento anticolonial ha estado atravesada por las contradicciones y tensiones propias de una estrategia obligada a dinamitar su demarcación subordinada, siempre obligada a pelear a la riposta desde la época colonial hasta la actualidad y a navegar, a contracorriente, estamentos tan gigantescos como el neocolonialismo y la Guerra Fría. Todo ello, en medio de una tensión no resuelta entre las ideologías, las identidades y los conflictos raciales.

En cualquier caso, el anticolonialismo es anterior a esa guerra fría y al mismo sistema comunista. Y no puede ser un detalle meramente azaroso que los Estados socialistas supervivientes de la galaxia soviética fueran, precisamente, aquellos que tuvieron protagonismo contra el neocolonialismo: China, Corea, Cuba y Vietnam. Aquí hay un buen material de investigación, más allá de la feria de los estudios culturales de la academia o el multiculturalismo de las exposiciones que vienen desde *Los magos de la tierra*.

Por eso, en nuestras guerras anticulturales de hoy, ha sido más fácil regresar a los viejos paradigmas de la Guerra Fría o la infiltración comunista que familiarizarnos con nombres africanos como Chinua Achebe o Jules Emongo Lomomba, Simon Njami o Donato Ndongo-Bidyogo. Para esta mentalidad, ha sido preferible continuar dictaminando desde la *New Left Review* que reivindicar a la *Revue Noir*. (Por no hablar de la pionera *Okiki*).

Si esto sigue ocurriendo es porque, como ha visto John H. McWhorter, vivimos sumergidos —a izquierda y derecha— en una lengua engañosa o *hoax*, que nos induce a percibir un mundo igual en lugares y situaciones diferentes. De ahí la continua renovación de los estereotipos, el seguir hablando «como toda la vida», o la justificación de que no hay que remover el pasado porque, a fin de cuentas, los antiguos colonialistas sólo hablaban con el lenguaje de su época.

En esto radica, también, la condición transcolonial de nuestro presente. En la costumbre de seguir actuando como si nada y en el acto de describir una situación nueva con una lengua obsoleta. O en continuar, en nuestro bar, esperando a los bárbaros, ignorando que a ambos lados de la barra ya hace rato que estamos los bárbaros porque hace tiempo que hemos echado abajo las puertas.

Cubantropía

Gobierno revolucionario, Estado comunista, dictadura del proletariado, revolución en la revolución, revolución sin ideología, régimen (a secas), poder carismático, tiranía, dinastía...

Los historiadores no se han puesto de acuerdo a la hora de calificar el poder cubano surgido de la revolución de 1959, enfrentados como están por sus ideologías, los vaivenes de ese proceso y unos cortes cronológicos que obedecen, según el caso, a la magnitud de las nacionalizaciones, la represión, los grados de institucionalización, la tensión con Estados Unidos, la inserción del país en la órbita soviética, el impacto en la isla del mundo postcomunista o la era global.

Entre todas esas semánticas irreconciliables, tal vez podamos encontrar algún consenso si afirmamos que, a nivel de las imágenes, a partir del 1 de enero de 1959, en Cuba se instauró una iconocracia. Esto es: un modelo de gobierno que incluía el enaltecimiento de su imaginario a través de la iconografía en general y la fotografía en particular. Un poder que somete por imagen, gobierna mediante un mantra visual y se legitima verbigracia de un aparato de propaganda en el que destacan, además, la televisión, el cine, la cartelería y el arte pop.

Hoy en Cuba no tiene lugar ninguna revolución, sino un Estado que la hereda y traiciona a partes iguales. El socialismo, allí, está atravesado por una acumulación rudimentaria de capital que impregna las relaciones económicas de elementos propios de las sociedades de mercado. Está expandida una terapia de choque más o menos encubierta. Tiene lugar una diferenciación social galopante. La proporción de la desigualdad de Piketty (1-99 por ciento) ha asomado la cabeza para no desaparecer. Hay un divorcio entre un Estado comunista y una Sociedad que es ya postcomunista. En fin, estamos viviendo un desmontaje absoluto de la Revolución y su entusiasmo primigenio.

Pero...

Si algo todavía le regala al actual Gobierno un poco de continuidad es, precisamente, la imaginería primordial de aquella iconocracia que tuvo su prólogo en febrero de 1957. Justo cuando Herbert Matthews firmó y fotografió para *The New York Times* el primer reportaje de alcance mundial sobre Fidel Castro. Lo había realizado en la Sierra Maestra, durante la lucha guerrillera contra Batista, y aquella crónica lo convirtió en un pionero; tanto de la fascinación occidental por la revolución cubana como del lanzamiento universal del, entonces, joven comandante.

En realidad, el reportaje y las fotografías que lo ilustraban encajaron perfectamente en los planes de un Castro que, desde el principio, había enfocado su estrategia en dos direcciones. Una, hacia la historia («La historia me absolverá» fue al mismo tiempo su alegato jurídico, su programa político y su eslogan; otra, hacia la (sobre todo *su*) imagen. Desde el primer día de su proyecto, Fidel se cuidó de encender una vela al hombre y otra al mito. Puso un ojo en la gesta y otro en el gesto. La mano izquierda sobre Robespierre y la mano derecha sobre la guillotina. (El tabaco del capítulo anterior también le acompañó durante un buen trecho).

El caso es que, de cara al mundo, Castro jamás necesitó un departamento de propaganda. Ese frente estuvo siempre bien cubierto: lo mismo por Cartier-Bresson («el ojo del siglo») que por Barbara Walters; por *Times* o por la CNN. Tan sólo en Hollywood, Fidel Castro o su sombra han rondado las tramas de Carol Reed, Alfred Hitchcock, Richard Lester, Francis Ford Coppola o Sidney Pollack. Jack Palance y Demián Bichir lo han interpretado en la pantalla. Robert Redford, Kevin Costner, Steven Spielberg o Sean Penn han reconocido su curiosidad, cuando no su admiración, por el personaje.

De cara a los cubanos, tampoco es que haya descuidado su perfil. Para eso reclutó una nutrida y bien cualificada tropa de lo que podríamos llamar fotógrafos de batalla: Raúl Corrales, Roberto Salas, Liborio Noval, Korda... Desde el primer día, Fidel Castro sería la noticia y el filtro. El actor, el guionista y el crítico de esa larga película de sí mismo con la que colonizó el relato de todo un país. No hay que olvidar que la cubana fue la primera revolución de su tipo en la utilización extendida de la televisión y que, a diferencia de otros países comunistas, no necesitó estatuas gigantescas para expandir la iconografía oficial. Para eso sirvió la fotografía, mucho más moderna, portátil... e imposible de derribar, llegado el caso.

Por una u otra vía, la Revolución cubana aparece en el origen de eso que hoy aceptamos como era de la imagen. Y, por eso mismo, le es perfectamente aplicable la inquietud que esta época ha suscitado en diversos autores —Giorgio Agamben o Miguel Morey— acerca del peligro que entraña su relación con la fascinación, palabra que tiene con el fascismo algo más que una raíz lingüística común.

No hay imagen sin imaginario. Y mediante el control de ambos, Fidel Castro llegó a dominar de un modo tan absoluto la vida cubana durante seis décadas que casi nadie ha salido ileso de su omnipresencia. Sobrevivir a ese impacto pasa por la digestión del banco de imágenes que generó.

Y eso es lo que intenté inventándome un vocablo: cubantropía, con el que titulé un libro incluso.

Una palabra que me sirviera para situarme entre el fracaso de dos futuros.

El primero, socialista, no alcanzado (aunque dado por seguro bajo las promesas de la Guerra Fría; el segundo, capitalista, aparecido cuando esa Guerra Fría ya se daba por muerta y enterrada.

No ignoro que, en un mundo que clama a los cuatro vientos su falta de porvenir, jactarse de tener dos futuros es un lujo desproporcionado. Pero este es un término «cubano», así que la exageración no puede faltarle, como la hipérbole del mojito, la guillotina y la esclavitud.

Cubantropía es un vocablo nacido de las esquirlas del Muro de Berlín y los cascarones del Malecón habanero. Y de casi todos los encontronazos de la cultura global: entre dictadura y democracia, era digital y postcolonialismo, centro y periferia, memoria y lobotomía, plantación y turismo, geografía e historia, diáspora y nación, mercado e ideología, hedonismo y compromiso, el son y el Big Data, la utopía y Guantánamo, el fútbol y el béisbol, Próspero y Calibán, Europa y Estados Unidos, Nietzsche y el reguetón.

La cubantropía no le explica Cuba al mundo, sino al revés: usa a Cuba como una escala capaz de contener ese mundo y su repertorio de conflictos. Le importa la crítica a la cultura cubana. Pero le ocupa también la crítica a la imagen de ésta más allá de sus fronteras.

Más que como doctrina, se comporta como una energía. Un barbarismo útil para definir el remolino que crece entre la antropología y la entropía, la calle y la biblioteca, el antro y el museo, la isla y el mundo.

Cubantropía es un vocablo sobre los efectos culturales de las políticas que han pretendido atenazar o liberar a Cuba en las últimas décadas. También narra una biografía intelectual y, acaso, un mapa imaginario de la producción cultural del Hombre Nuevo, esos cubanos nacidos con la Revolución; el Frankenstein colectivo que el Che Guevara imaginó como los primeros sujetos que no arrastrarían la contaminación del capitalismo.

Si, como dice la frase atribuida a Robert Louis Stevenson, todo el mundo tarde o temprano acaba sentándose a un banquete de consecuencias, consideren mi cubantropía como una bacanal cubana.

Mi banquete caníbal.

Mi iconofagia nacional en la búsqueda de una palabra que pueda valer más que mil imágenes.

Democracia

En una adivinanza cuya respuesta es el ajedrez, hay una palabra que está prohibida en el enunciado: «ajedrez». Esta clave enigmática es sugerida por Borges en *El jardín de senderos que se bifurcan.* Siguiendo esa línea, uno podría tener la tentación de esconder la palabra «democracia» en este glosario. Que su mera ausencia bastara para intuirla o, al menos, poner en evidencia su situación crítica.

Pero resulta que eso no va a ocurrir.

Porque sortear la palabra «democracia» nos colocaría en medio de una actitud contemporánea siempre dispuesta a tratar con desprecio a eso que, en principio, significa «poder del pueblo». Y porque, de ocultar la democracia —más bien, de fagocitarla— ya se ocupan decenas de líderes, incluidos los de algunos Estados que presumen de estar regidos por ella.

Puede que la imagen del asalto al Congreso de la primera democracia del mundo represente iconográficamente el advenimiento de la postdemocracia. Con esa horda —bien jaleada— depredando el espacio por excelencia de la representación liberal: nada menos que el Capitolio de Estados Unidos. Desde ahí, hablar de democracia es un ejercicio obligatorio, situado en algún lugar entre la arqueología y la resistencia.

Claro que ya sabemos que la historia de la democracia es la historia de un desencuentro entre sus prácticas y su semántica. Entre otras cosas, porque sus definidores, durante mucho tiempo, han arrastrado cierta insolencia con respecto a su significado primordial: ese poder del pueblo difícil de encajar en la práctica y bajo cualquier ideología. Así que ahí tenemos la democracia como «el brutal imperio de las masas» (Ortega y Gasset). O como esa «forma de gobierno en la que cada cuatro años se cambia de tirano» (Lenin). O «el peor de los sistemas políticos, con excepción de todos los demás» (Churchill). O un «abuso de la estadística» (Borges). O una «fatalidad que está todavía por pensar» (Sloterdijk).

Hoy, cuando la democracia se encuentra en un estado menguante, la palabra «libertad» empieza a sustituirla en una deriva tan frívola como peligrosa en la que queda desplazada, cada vez más, a un lugar lateral —cuando no marginal— de la política. Frente al despliegue de esa libertad, que apela a la individualidad y el instinto, encontramos una democracia en retroceso estructural, constreñida por la partitocracia y subordinada a la economía, que ha llevado a la gente a intentar concedérsela «en otra parte»; bien en la red, bien en la plaza pública, bien en los espacios privados, un poco en la mezcla de todos ellos.

A Gilles Dauvé y Karl Nesic —*Más allá de la democracia*— les preocupa, por su parte, el rechazo extendido a la representación y, asimismo, el callejón sin salida de unos movimientos sociales que tienden más a la resistencia que a la transformación.

En el caso de las redes, no cabe duda de que ahí se abre un campo inédito para la denuncia, la exigencia de transparencia, la reivindicación de derechos, la libre expresión o la puesta en marcha de iniciativas ciudadanas. (Por no mencionar la parodia, el meme, el troleo a los políticos). Sin embargo, como alertó tempranamente Paul Virilio, la ciberdemocracia genera sus propios espejismos, corriendo el riesgo de quedar convertida en «democracia emocional». Un chapoteo desde el cual podemos decir y decirnos de todo, pero arreglar y arreglarnos muy poco.

Si la democracia definía (o debía ser) el poder del pueblo, la «posdemocracia» describe una situación en la que hay muchos poderes que no son del pueblo.

(Demasiada *cratia* para tan poco *demos*).

En esta situación, quizá nos venga bien revisar el criterio de Gramsci sobre la hegemonía. Ante el aumento evidente de la homogeneidad, la democracia sólo puede resplandecer en la batalla diaria por la construcción de esa hegemonía. Sin dar nada por hecho o definitivo, por perdido o ganado.

Sabiendo, acaso, que en ese día a día se juega su presente.

Hoy, al menos en Occidente, somos muchos los

que vamos en avión, tenemos agua potable, teléfono móvil e internet, y gozamos de privilegios que antes sólo podía disfrutar la aristocracia, pero lo cierto es que el orden liberal, tal cual lo conocimos hasta no hace mucho, está bajo sospecha en casi todos los lugares, incluso aquellos en los que gobierna.

Esta secuencia es inapelable: después de la caída del comunismo, se está viniendo abajo, a pasos agigantados, la socialdemocracia y *so soon*... ¡El liberalismo!

Y esto es así porque estamos viviendo el tránsito de la democracia en términos liberales a la postdemocracia en términos neoliberales. El hundimiento del comunismo se leyó, en lo político, como el advenimiento de la democracia liberal en todo el mundo. Pero eso ha quedado superado por el apogeo de un mercado autoritario, un cóctel de dinero y mano dura que se explaya de Rusia a China pasando por los Emiratos, y de Estados Unidos a Polonia pasando por Italia o los experimentos bolivarianos.

Si Donald Trump es el líder supremo del mundo postdemocrático es porque supo leer esas paradojas y, de paso, canalizarlas en el reino de la postverdad y el «sincomplejismo» desatado. Trump acometió una iconofagia capaz de devorar la verdad o el consenso. Así, frente a la imagen de un progresismo jaleado por millonarios, rentabilizó su populismo directo. Ante el bombardeo de la prensa liberal, supo exprimir con efectividad las redes sociales. Delante del maquillaje de la objetividad, llevó al paroxismo las *fake news*. Al rechazo que causaba en lo rutilante (casi todo el estrellato de Hollywood), respondió con lo estridente. Y contra el multilateralismo de la globalización, esgrimió el patriotismo del *America First.*

No es improbable que Trump vuelva a instalarse en la Casa Blanca. Y si esto sucede, no será a pesar de su agenda reaccionaria, sino gracias a ella. Ni a pesar de sus numerosos escándalos, delitos o prevaricaciones, sino gracias a éstos. Con ese conglomerado supremacista que ha sido capaz de revitalizar el viejo aislacionismo anglosajón a base de un cóctel bien agitado de neoliberalismo y proteccionismo que va camino de convertirse en modelo.

De eso van, también, estos tiempos postdemocráticos. De tratar al votante como un cliente, al ciudadano como un consumidor y a la sociedad como una empresa. Quizá hoy la hiperpolítica —a la que Sloterdijk tanto intentó dar profundidad y calado histórico— no sea más que gobernar desde (y para) el hipermercado.

Más allá del resultado de unas elecciones concretas, el cambio protagonizado por Trump (aunque no sólo por él) en Estados Unidos y el resto del mundo ya ha tenido lugar y lo que ahora está en juego es la consumación de su magnitud irreversible. Un apretón definitivo a las tuercas de ese capitalismo autoritario que ya está incrustado en el corazón de Occidente y no sólo en sus periferias. Con la fractura entre mercado y democracia, o con ese nacionalismo que ya no implica la reivindicación, más o menos controlable, de lo pequeño frente a lo grande (Escocia, Cataluña, Córcega), sino el desafío, más o menos imparable, de lo grande frente a lo pequeño (Estados Unidos, Inglaterra, China, Rusia).

Por no hablar de su recua de fans en Europa, América Latina o Asia, con sus agendas bien cargadas de muros por levantar y gente por expulsar.

Y con la convicción de que el futuro —en contra de lo que afirmaba aquel eslogan sobre el socialismo infinito con el que crecimos los que vivimos bajo el comunismo—, es posible que pertenezca por entero al capitalismo, pero no necesariamente a la democracia.

Extinción

En la era de la imagen, al contrario de lo previsto por el famoso *dictum* de Marx, los hechos parecen suceder primero como farsa para repetirse, después, como tragedia.

Esto es así porque, en nuestro horizonte, ya no avistamos la redención, sino la extinción. (Si la democracia es una especie —otra más— en peligro, ¿qué pensar de la cultura, el arte, la estética?).

Así las cosas, la historia, la política o la economía se van arrastrando a través de esta continua demolición desde la cual, en lugar de avanzar hacia la desaparición del Estado propuesta por el socialismo clásico, caminamos hacia la desaparición de la sociedad impuesta por el neoliberalismo. (Ese punto de embeleso reaccionario en el que, según Margaret Thatcher, sólo quedarían individuos).

Aunque muchas veces se ha creído a salvo —«el infierno son los otros»—, la cultura forma parte de esta deriva, incluida su zona de producción, consumo o circulación de las imágenes.

Por esa encrucijada atraviesa la obra de Max de Esteban, que me hizo fijarme en todo esto desde su imaginería poblada de logaritmos, inteligencia artificial, vídeos de mundos próximos a sucumbir, universos cenicientos de la posteridad...

Si Paul Virilio habló de una «estética de la desaparición», viendo esa trayectoria lo que se me hizo evidente fue una estética de la extinción que prosigue y discute a partes iguales las tesis del urbanista y pensador francés. Si en Virilio predomina la aceleración, la estética de la extinción planta su bandera crítica en la inercia.

En esa cultura que se transforma y extingue al mismo tiempo, al liberalismo (verbigracia del prefijo *neo*) le sucede algo similar a lo que Simone de Beauvoir detectó en el Marqués de Sade: es un pensamiento económico que se ha vuelto loco. Dirige nuestra vida de manera delirante sin darse cuenta de que ya no pertenece a este mundo. La diferencia es que el nuevo régimen que habría de encerrarlo en la mazmorra —el comunismo— también se ha venido abajo y no funciona como alternativa.

Las imágenes crepusculares que intuí en Max de Esteban admiten cercanías con dos literaturas de la extinción, como las de Thomas Bernhard o David Foster Wallace. También con un artículo de Demián Morassi, titulado precisamente «La estética de la extinción», en la que se afronta la fotografía de las especies como un proceso de empatía con la biodiversidad. Incluso, con el alegato agónico de Noam Chomsky conminando a la humanidad a «cooperar o extinguirse».

El ritmo de esta cultura de la extinción no está marcado por la autoridad, sino por la interpelación. Nunca antes la humanidad había conocido una manera tan intensa y extensa de interceptar, interrogar, maldecir o modificar obras, intenciones, autorías. De ahí la imposibilidad de volver a construir un canon o venerar a una élite. De ahí que nuestra capacidad descriptiva sea superior a nuestra capacidad teórica. De ahí que, por cada mil testigos, encontremos un demiurgo. Y de ahí que vivamos y narremos, al mismo tiempo, la obsolescencia de todo lo conocido: los algoritmos, las finanzas ya casi del todo virtuales, las transgresiones ya casi del de todo financiadas, las colecciones ya casi del todo impregnadas por sus contenedores —esos edificios tan o más iconográficos que sus contenidos—.

Tom Mitchell nos recuerda que esa estética de lo que se extingue se diferencia de cualquier otra que hayamos conocido antes. Por eso no tiene sentido ventilarla como una crisis cíclica o con las viejas teorías lapidarias que se han solazado de manera recurrente en la muerte del arte y la novela, la historia y el autor.

Por otra parte, una estética de la extinción no se produce porque obras y artistas sean escasas o menguantes. Todo lo contrario, es en el reino de la cantidad donde se asienta la catástrofe. Acaso porque nuestra cultura se sumerge, cada vez más, en el volumen y no en la cualidad. Corren por ahí más imágenes de las que podemos captar (ésas me tocan a diario) o más dinero del que podemos gastar (ése me sigue siendo esquivo).

En esa tesitura zozobran las hermenéuticas previas. No hay forma de llegar al origen de las obras, del dinero, de las colecciones de arte que quedan a la vista de la muchedumbre o se mantienen escondidas en los sótanos de una *claque* afortunada. La extinción opera, sin más, como la forma «hipernormal» de un fin de ciclo, cuyo valor es tan intangible como el de las criptomonedas.

En esta magnitud cuantitativa, la estética de la extinción tropieza con otra paradoja: le falta originalidad y, a la vez, no puede dejar de descubrir continuamente nuevos hitos. En su reino, hemos de estar hartos y hambrientos al mismo tiempo.

Al final de cada jornada, todos somos Adán, pero no por una vez en la historia, sino por una vez cada día. Y claro que seguiremos hablando de «cultura», «obra» o «museo», pero no porque esas palabras designen los estamentos a los que, en realidad, aludimos, sino porque no tenemos a mano otros términos para nombrarlos ni instituciones en las que encuadrarlos.

Lidiamos con una cultura sin arcanos en la que casi todo está a la vista. Una cultura que palpita mientras avanza hacia el acantilado, aunque no de manera torrencial sino volcánica. No remite a la tormenta súbita que nos cae encima, sino a una lava que repta lentamente. Igual que esas películas, exasperantes y desasosegadoras, que avanzan en tiempo real ante nuestra mirada.

En eso consiste, quizá, una filmografía de la extinción: en un cine que no admite edición.

Karl-Markus Gauss es autor de un libro titulado *Europeos en extinción*. En ese texto, prevenía sobre el peligro mortal que se cernía sobre los sefardíes de Sarajevo, los alemanes de la pequeña localidad de Gottschee, los arbëreshë de Calabria o los aromanos de Macedonia. Especies, todas éstas, a punto de extinguirse. Necesitadas, todas ellas, de unas políticas menores, hechas a escala humana: la de un rabino que hace política para «dos centenares de almas», o la de un musulmán que arriesga su vida para salvar el patrimonio sefardí bajo el fascismo, o aquella otra de un judío que consigue salvar un importante arsenal de la poesía sufí. Gilles Deleuze —a quien parece que no se le pueda citar hoy sin que te encaramen la etiqueta de «posmo» en las guerras culturales— comprende que estas minorías, más que étnicas, pueden ser entendidas como *minorías éticas*. Navegan a contracorriente del ardor de esos paladines de las Grandes Causas, que persisten en sus cruzadas abstractas y sus extinciones concretas.

Todo esto me hizo pensar De Esteban después de un tiempo entre sus imágenes y los textos que compilé sobre éstas. Todos ellos contenedores de preguntas lanzadas para después de la extinción, como Chateaubriand lanzaba las suyas para después de la revolución.

¿Es la fotografía parte intrínseca de la catástrofe hasta el punto de que, por más que la señale, únicamente puede alentarla? ¿Es la imagen un rehén atrapado por el fotocapitalismo como una extrema venganza? ¿Puede la artificialidad del arte detener el orden natural del mundo? ¿Es la avalancha de las nuevas tecnologías el colofón de una antiutopía neoconservadora por la que Milton Friedman había suspirado medio siglo antes? ¿Existe algo parecido al futuro cuando uno se está extinguiendo?

¿Estamos listos para ver el mundo sin nosotros?

Fontcuberta

Sin Joan Fontcuberta, este libro no hubiera sido, siquiera, pensable. Hasta el punto de que, a veces, tiendo a pensar estos términos como notas al pie de su trabajo. Como cuando fui el curador de su exposición retrospectiva, *De facto*, en la que practiqué el comisariado como aprendizaje.

Este postfotógrafo ha visualizado ficciones, reescrito la historia de la imagen, ensayado la actualidad del acto fotográfico, jugado con la inteligencia artificial, timado a críticos, periodistas y demás expertos del mundo del arte, se ha convertido en otros —un monje, un terrorista, un cosmonauta soviético, un reportero de cabaret—, ha teorizado sobre la iconocracia. En definitiva, nada de la imagen le ha sido ajeno, sobre todo porque su obra es un compendio de la imaginación contemporánea.

La obra de Fontcuberta acaba siendo un tratado de iconofagia y una lección —llena de humor y despojada de solemnidad— sobre cómo las imágenes pueden hacer crítica de las imágenes, hasta el punto de comérselas en la liturgia religiosa o en la mesa pagana, en la paz y en la guerra, en las calles de ciudades concretas y en las aguas de islas ficticias.

Reconociendo todo esto, debo admitir que mi máximo interés tiene que ver con el poder narrativo —directamente novelesco— de sus ficciones. De lo que pueden éstas incidir sobre la escritura y, aún más, de su comportamiento como «escritor».

Lo que me importa, ante todo, es enfrentarme al menos *literal* de los fotógrafos y, probablemente, el más *literario* de todos. Y a una aventura capaz de desafiar, en el siglo XXI y desde la iconofagia, problemas parecidos a los que enfrentaron escritores del siglo XIX y principios del XX para sentar las bases de la ficción moderna: Walter Besant, Henry James, Robert Louis Stevenson, E. T. Hoffman, Honoré de Balzac, Edgar Allan Poe, Antón Chéjov, Reiner Maria Rilke, Gabrielle D'Annunzio, Edith Wharton, G. K. Chesterton, Oscar Wilde...

Todos ellos libraron, a su manera, una intensa batalla por el reconocimiento de su condición artística; por alcanzar una dignidad similar a la de los pintores de su época.

«¡La ficción es un arte!», clamaban enfáticos.

Para Fontcuberta, por el contrario, *el arte es una ficción*. Un generador de mundos imaginarios; un cuento infinito. La suya es una obra que dinamita la frontera entre escritores y artistas visuales, así como la desconfianza recurrente que a veces se profesan.

Y es que, a Fontcuberta, esta frontera le resulta aburrida y algo desinformada. Aún más si tenemos en cuenta que la estética moderna —junto a Hegel y Rimbaud— tuvo su polo fundador, curiosamente, en una novela de Oscar Wilde: *El retrato de Dorian Gray*. O —¿por qué no?— en *El hombre que fue Jueves*, donde Chesterton consiguió una fábula extraordinaria sobre el arte como anarquía.

La narrativa moderna, en esos casos excepcionales, se sintió atraída por el arte y los artistas, así como por la angustia de su proceso creativo o las profecías anunciadas en las obras. Sí, ya sabemos que se trata de pequeños islotes en el inmenso océano de los grandes temas, pero no dejan de ser premoniciones muy estimables en el tratamiento de un mundo que, en las dos últimas décadas, ha pasado a comportarse, cada vez más, como un asunto ineludible en la escritura de la que hoy conocemos, y vivimos, como era de la imagen.

En esa era de la imagen, de la que participa y a la que pone en solfa a partes iguales, la obra de Fontcuberta parece sentirse próxima al intercambio entre los escritores contemporáneos y los artistas emanados de sus ficciones. Persuadido, sin duda, de que el principal malestar de la cultura contemporánea no proviene de lo que concebimos como *ficción* sino de aquello que percibimos como *realidad*.

Por eso interviene en todo este asunto de «lo real» desde una singularidad evidente: se desmarca del rebaño y cambia el chip de la costumbre. Para él, la ficción es un recurso adecuado mediante el cual reinventarse a sí mismo. Y si en alguna etapa —series de los años noventa del siglo XX— acomete apropiaciones de Salvador Dalí, Joan Miró o Antoni Tàpies, paradigmas del arte moderno catalán y español, no lo hace tan sólo como un irónico homenaje, sino también para explorar un destino diferente en el concepto de obra, autor, discurso...

Si Dalí hizo todo lo posible por confirmar su Yo desmesurado al generar un arquetipo cuya sobredosis terminó por convertirlo en estereotipo, Fontcuberta se desplaza en sentido contrario, con el objetivo de transformarse en Otro (un monje, un astronauta, un terrorista, un biólogo) y así rebajar la egolatría del artista como genio. Ese Otro «oculto» está evocado por Fontcuberta en una conducta más que en un estilo. Es una actitud primero que una técnica. En la saga de otros creadores de difícil escolarización: Borges o Pessoa, Brossa o un músico popular como Sisa…

Si Joan Fontcuberta es capaz de construir realidades, es porque su trabajo apunta a que la verdad que solemos aceptar puede ser «producida». (Si Donald Trump le ha dado la razón no es porque no estuviéramos avisados de lo que sería el mundo de las *fake news*).

En estas narraciones se percibe un surrealismo tardío cuyas bazas se juegan en un «sueño diurno» que establece su horizonte en Bloch primero que en Freud, en el futuro antes que en el pasado, en la libertad frente a la represión. Sus ficciones suponen, entonces, una liberación; pero no sólo para llegar a mundos lejanos y fantásticos, sino —y sobre todo— para lidiar con situaciones muy concretas: la circulación de la información, la recepción de los contenidos políticos, la manipulación del sistema del arte.

Razones de este peso nos aconsejan, ante la obra de Fontcuberta, «leer» en sus imágenes tanto como «visualizar» en su escritura (en su abundante producción ensayista) si queremos entender algo de esta época que reniega de la síntesis.

Así queda suspendida, sobre nosotros, la historia de Ivan Istochnikov, un compendio de los alcances e intenciones de esta obra llena de matices, en la que, como en las muñecas rusas (o como en los astronautas rusos), siempre queda una ventana por abrir, una galaxia por explorar.

En su viaje de ida, a medida que se aleja de la Tierra, Istochnikov comprueba que los grandes conflictos se vuelven nimios vistos desde la estratosfera. En su no regreso, Istochnikov encarna el eufemismo del desaparecido, que no es otro que el desaparecido debido a la razón política, sin duda alguna el primer peligro de extinción que amenaza a la especie humana.

Istochnikov define su suerte entre Oriente y Occidente, a la búsqueda de alguna transparencia —de esta manera, *glasnost*, definió Gorbachov a su política en la época en que alcanzan su clímax los hechos narrados por Fontcuberta— para mitigar los extremos de Europa. No es casual, en el caso de Istochnikov, que esos extremos aludan a España y la Unión Soviética, Estados multinacionales siempre en tensión. Antiguos imperios construidos con las esquirlas de su violencia.

Durante años, las series de Fontcuberta —pensemos en aquellas que dan cuenta de los medios de comunicación— insisten en que lo que hoy ocurre no es una batalla entre civilizaciones (por eso no hay posibilidad alguna de alianza), sino una guerra desesperada entre una vida que duda y una vida que no lo hace, entre una vida que se mezcla y una vida que apela a la pureza (¿qué es un googlegrama sino un mosaico de la era digital?), entre una vida llena de interrogantes y una vida fanática.

Algunos programas televisivos —como ocurrió con Cuarto Milenio, de Cuatro, a partir de la serie *Sputnik* o con la prensa escrita cuando ventiló la aparición de un fotógrafo de cabaret olvidado— han «tragado» y se han hecho eco de las ficciones de Fontcuberta como si fueran noticias reales.

Descubrir posteriormente sus engaños ha despertado algunas furias, pero ¿qué le vamos a hacer si la iconofagia no se escoge sino, como hemos visto, nos escoge a nosotros?

Guerra cultural

Más de treinta años después del desplome soviético, el anticomunismo se ha adueñado de buena parte del debate público. Es curioso este resurgimiento cuyo esplendor, en teoría, no tendría sentido. Aunque sólo fuera porque ya no existe el sistema comunista y las reivindicaciones progresistas —si bien hablan de asaltar los cielos— están bastante lejos de llamar a la revolución. Si el antiguo macartismo se empleó a fondo contra un comunismo de Estado *realmente existente*, el retrato robot del nuevo macartista refleja el rostro de un movimiento que actúa de manera *profiláctica*: busca eliminar todo aquello que corre a su izquierda a base de considerarlo comunista o cómplice del comunismo.

Una vez derrumbada la galaxia soviética, y ventilada la socialdemocracia, al neomacartismo ya sólo le falta por batir al liberalismo para imperar en la postdemocracia. (Esto va de prefijos). Su guerra cultural, a primera vista, consiste en extirpar un intelectualismo que considera progresista por definición y enemigo por imposición. De ahí que su guerra le funcione como el programa cultural definitivo. Y de ahí que, en la batalla entre la identidad y la clase, haga guiños a esta última desde un discurso «de toda la vida y que todo el mundo entiende» frente a «veleidades» minoritarias y «culturalistas» que le hablan a la gente en una lengua ignota.

Para entender todo esto, es recomendable un viaje en el tiempo que atraviese a Bush II o el Tea Party y se conecte directamente con el Ronald Reagan de la revolución conservadora. Ahí descubriremos que, contra su caricatura, el proyecto de Reagan tuvo una carga estratégica extra que llega hasta hoy. Entonces, la nueva derecha se nutrió de exmarxistas como Podhoretz, se apropió del término «revolución», consolidó un *think tank* con Daniel Bell (hablando de ética), Hilton Kramer (de arte), Milton Friedman (de economía), o revistas como *Facetas* y *New Criterion* marcando las pautas intelectuales de un presidente que confesó una vez haberse leído únicamente ocho libros. Asimismo, pescó en aguas demócratas (Jeane Kirkpatrick), se alió con el Vaticano (Juan Pablo II) y no desdeñó a Hollywood, sino que utilizó su cine de acción (Chuck Norris o Silvester Stallone) para lanzar su lema atlético favorito: «Este país tiene que estirar sus músculos».

El reaganismo lanzó a Jesse Helms y su mayoría moral contra los enemigos internos y a Chuck Norris y su minoría letal contra los externos. Un documental del cineasta rumano Ilinca Calugareanu, *Chuck Norris vs el comunismo*, ilustra de maravilla este impacto en plena Guerra Fría.

Si la de Reagan y Thatcher fue, básicamente, una batalla anglosajona contra el comunismo, el neomacartismo de hoy es global. Vox, Bolsonaro, Le Pen, Trump, Orbán o Milei convierten el nuevo macartismo en una multinacional emplazada, paradójicamente, en contra de la globalización. Sus malabares geopolíticos, por otra parte, no vienen de la experiencia bipolar de la Guerra Fría ni tampoco pertenecen a las fantasías de Fukuyama sobre el aburrimiento unipolar que surgiría de la incipiente post Guerra Fría. Se trata, ahora, de ocupar un lugar de referencia en un mundo multipolar gobernado por el divorcio entre democracia y mercado.

¿Cuál sería, entonces, la impronta cultural de un movimiento que se jacta, precisamente, de su antiintelectualismo?

En *La mente reaccionaria*, Corey Robin rastrea el conservadurismo desde Edmund Burke hasta Donald Trump. Y demuestra, contra la creencia habitual, que ahí no han faltado teorías, programas culturales o escuelas filosóficas de primer nivel. Los conservadores pueden haber sido atrabiliarios y muchas veces toscos, pero también intelectualmente sólidos. Algo imprescindible si tenemos en cuenta el enemigo al que iban dirigidos sus misiles: la revolución.

Si la dinámica reaccionaria había sido revanchista, ahora parece estar situándose a la ofensiva, en medio de una batalla por el poder que rebasa el Estado y abarca la cultura, la familia o la comunicación. (Sobre esto ya habían alertado Pippa Norris en *Derecha radical* o Esteban Hernández en *El tiempo pervertido*).

El retrato del macartista renaciente es un rompecabezas (o un googlegrama) cuyas piezas hay que ir encajando poco a poco. Y lo mismo puede armarse con un monólogo de Clint Eastwood para inaugurar el Tea Party que con las pinturas estilo soviético de John McNaughton. Con el regreso del excepcionalismo anglosajón —*America First*, el Brexit— o con la nueva apología de las fronteras. Por el camino, le vale la prohibición de Walesa o Darwin en Polonia, o los alegatos morales contra la cultura popular o las subvenciones estatales.

El rostro del neomacartismo renaciente es sustancialista e identitario, apela al sentido común y le aterra tanto la pulsión global como la reivindicación minoritaria. Es innegable, por otra parte, todo lo que le debe a una crisis del discurso de la izquierda, con esa eufemocracia que parece extraída de un plan de estudios culturales de cualquier universidad estadounidense, empeñada por su parte en llamar fascista a cualquier cosa que se mueva por su derecha. Esto último algo ha llevado a otro reaccionario de postín, Ralph Brandt, a comparar la izquierda alternativa, precisamente, con... ¡el macartismo! (No es otra la base de sus polémicos libros *The Alt-Left*, *The New McCarthyism* o *The Balkanization of America*).

El neomacartismo es la derecha ascendente de una democracia menguante. Del *Patriot Act* y del Fin Que

Justifica Los Medios. La misma que remonta el río hasta llegar al templo iniciático de Joseph McCarthy y las brujas de Salem. Una derecha cuyo retrato se parece, sobre todo, al selfi gigantesco que le proporcionan las redes en la nueva cultura de las *fake news*.

Si la guerra cultural fue diseñada originalmente en Estados Unidos para acabar con la Guerra Fría, su actualización parece fabricada por gente que no quiere salir de ésta. Esa que se siente cómoda explicando el movimiento Black Lives Matter en Estados Unidos como una infiltración comunista o una protesta de artistas en La Habana como una operación de la CIA. La misma que, mientras levanta un muro infranqueable entre el alma cultural de la izquierda y su espíritu de clase, aplaude la disipación de fronteras entre elementos contrapuestos del rojipardismo.

Matices para qué, parecen preguntarse, si un «posmo» y un obrerista son más irreconciliables que un neomacartista y un neoestalinista. Paradojas para qué, si no hay nada como una lista negra para despachar las contradicciones de este mundo.

Ya sabemos que la guerra cultural —en los años soviéticos— disponía de revistas y galerías de arte, alentaba estilos estéticos o reclutaba intelectuales a un lado y otro del telón de Acero. Frances Stonor recoge todo esto en su famoso libro *La CIA y la guerra fría cultural*. Mientras tanto, Martin Amis enfila sus cañones hacia la izquierda y actualiza el asunto por partida doble. Primero, en *Koba el Temible*; después, en *Operación Dulce*.

Koba el Temible tiene como subtítulo «La risa y los Veinte Millones» y, además de como ensayo, memoria o alegato, se deja leer como una larga epístola a los intelectuales de Occidente. (También una carta a su propio padre).

Amis se enfurece ante la tardanza de los intelectuales occidentales en ejercer la crítica al estalinismo (y aquí se ampara en su amigo Cristopher Hitchens). Todo el mundo conoce Dachau o Auschwitz, pero casi nadie conoce Kolymá. Todo el mundo sabe de Eichmann y de Himmler, pero pocos retienen el nombre de Dzerzinski. Todo el mundo puede identificar el Holocausto, pero... ¿qué nombre tiene, en la memoria colectiva, lo que ocurrió en la Unión Soviética bajo Stalin? No tiene nombre, se responde.

Cuando se vino abajo el mundo soviético, Boris Groys se percató de que Stalin también era un tabú para la Rusia del comunismo crepuscular. Como eran un tabú las miles de pinturas que lo representaban en términos laudatorios. Ese descubrimiento le llevó a escribir *Obra de arte total Stalin*, con quince años de anticipación al libro de Amis. Pero Groys va por otro camino, al entender que Stalin no sólo liquidó a la vanguardia, sino algo peor: la fagocitó. Digamos que se comportó como un iconófago del mal para beneficio de su propio poder.

Este concepto de «obra total», Groys lo extrae de Richard Wagner y de su manera de entender la ópera. Porque la Unión Soviética de Stalin tiene algo de ópera y de «escenificación multimedia», tal como lo entenderíamos ahora, «capaz de absorber e incorporar completamente dentro de sí a su espectador».

Pero este libro de Groys no es, como el de Amis, un ajuste de cuentas, aunque coincida en tratar de completar algo no nombrado del todo. Amis se refiere a la literatura, Groys al arte. A Amis le intriga la continuidad que representa Stalin con respecto a los zares. A Groys lo que le intriga es, por el contrario, el hecho de la excepcionalidad temporal del experimento soviético como algo desgajado del tiempo.

Donde Amis ve un continuo y exclusivo «martirologio» —en el realismo socialista—, Groys ve un proceso más complejo, que en nada se diferencia de lo ocurrido con la vanguardia. De hecho, Boris Groys sospecha del «mito de la inocencia de la vanguardia» frente al arte totalitario posterior a los años treinta. Y es que el artista soviético del estalinismo no sólo no puede enfrentarse al Estado, sino que ni siquiera puede colocarse fuera de él. Algo que sí intenta aparentar el artista occidental con respecto a su relación con el mercado.

Si Martin Amis quiere que miremos hacia el más allá del telón de Acero, y que a su vez nos desplacemos en el tiempo a la era del terror y del gulag, Groys propone que miremos en Occidente, ahora, sin tener que viajar en el calendario de la historia. La pregunta de Amis sigue siendo de este tenor: ¿por qué ocurrió «aquello» allí y entonces? La pregunta de Groys es otra:

¿puede ocurrir «aquello» aquí y ahora? Esto es: ¿es el estalinismo un hecho propio del comunismo o es un estilo de poder que, llegado el caso, puede, como el *«revival»* del realismo socialista, cruzar la frontera y existir, él también, más allá del comunismo?

En medio de ese debate, la guerra cultural dentro de la izquierda no ha dejado de crecer entre el culturalismo y el obrerismo, la identidad y la clase, el globalismo y lo local, el partido y el movimiento. Y aquí intuimos el callejón sin salida de las falsas dicotomías, o lo inútil que resulta la matraca de sus excluyentes mitificaciones o menosprecios, la caricatura en la que se está convirtiendo este diferendo cuya historia suele acabar en un monumento a la purga.

Como avisa Maurilio Pirone, cada teoría de la izquierda suele quedarse estancada en el punto en que se encontraba el capitalismo en el momento en que ésta quedó establecida. Y si todo esto merece ser sometido a crítica, también hay que pasar por el filtro la fobia a la teoría, tan consolidada en la política antiintelectual de un capitalismo populista que ha demostrado mayor capacidad de transformación y camuflaje que sus opositores.

Entonces, ¿de qué guerra, qué cultura, qué guerra cultural hablamos a diestra y siniestra?

En cuanto la cultura adjetiva cualquier cosa, queda devorada por el término que pretende ilustrar.

Así política cultural, diplomacia cultural, turismo cultural...

No hay forma de que la política y la diplomacia y el turismo no terminen engullendo a esa cultura, dejándola como coartada, maquillaje, agit-prop, el aliño de un plato fuerte que ya sólo es capaz de aderezar.

En ese inmenso ágape, la guerra cultural apenas nos reserva una mordida de la guerra a secas.

Hipernormalización

¿Se puede explicar el desplome del comunismo y la crisis del capitalismo con un solo concepto?

Entra el coro: ¡Sí, se puede!

Y entro yo, por lo bajini: si se puede, es gracias a la iconofagia.

Ese concepto es «hipernormalización» y se lo debemos a Alexei Yurchak. Aunque si lo hemos conocido mundialmente es debido al famoso documental de Adam Curtis del mismo nombre: *Hypernormalisation*. Yurchak lo lanzó para explicar la crisis de la sociedad comunista. Curtis se lo apropió para dar cuenta de la crisis financiera de 2008 y de todo el entramado que la provocó.

Hay que remontarse a *Todo era para siempre hasta que dejó existir*, al cual una versión de esta entrada le sirvió de prólogo. Básicamente, un libro sobre el final de la Unión Soviética en el que Yurchak explora (desde la sociología) un asunto cruzado, entre otros, por Svetlana Alexiévich (desde el periodismo), Boris Groys (desde la estética), Hélène Carrère (desde la historiografía),

Jonathan Safran Foer (desde la novela), Francesc Serés (desde el cuento) o Boris Mikhaïlov (desde la fotografía).

Todo era para siempre... rastrea aquellos latidos de la vida cotidiana que acompañaron la hecatombe del socialismo tardío, marcados por un curioso síntoma: en lo grande y en lo pequeño —en Chernóbil y en los menesteres superfluos que tenían lugar a su alrededor—, la gente se acercó al precipicio convencida de que su mundo era inmortal. Que ese mundo estaba apuntalado «para siempre», como las grandes estatuas del realismo, los discursos grandilocuentes, los desfiles infinitos, los planes monumentales, las conquistas en la estratosfera, la inmersión en la carrera nuclear, los éxitos deportivos, las continuas puestas en jaque al capitalismo y la cultura occidental...

Así que, cuando el sistema soviético empezó a agonizar, su muerte definitiva no cupo en la cabeza de la sociedad ni en la de sus élites. Más bien al contrario, ese desplome sucedió a la sombra de un pacto implícito entre la Nomenklatura y la gente común para desviar la mirada y seguir con la inercia. Semejante indolencia, compartida ante el desastre, es descrita con un término inequívoco: *hipernormalización*. Para llegar a este concepto, Yurchak tuvo la sagacidad de esquivar a conciencia la perenne obsesión de la kremlinología por las altas esferas. Por eso, enfocó su mirada hacia ámbitos menos transitados: el arte y los chistes, la música pop y los semanarios humorísticos, los comentarios a pie de calle y una ciencia ficción que confrontaba la Realidad con mayúsculas, los prejuicios y los juicios, la fantasía hacia Occidente y, a su vez, los estereotipos que se vertían desde allí sobre el mundo soviético...

Y fue allí, en esa zona infinita de los temas supuestamente menores, donde Yurchak encontró su antigatopardo. Donde —a la manera de los hermanos Strugatski o Andréi Tarkovski— detectó ese emplazamiento bajo el cual, tras una aparente inmutabilidad, todo se estaba transformando realmente.

El lema de aquella hipernormalidad pareció ser este: «Que nada cambie para que todo cambie».

Pero...

Todo era para siempre hasta que dejó existir no quedó, exclusivamente, como un libro sobre la implosión del comunismo. Casi veinte años después del fin de la Unión Soviética, se vino abajo Lehman Brothers. El crac financiero encendió todas las alarmas y plantó la duda sobre la extendida superstición de que el capitalismo —ufano de su victoria en la Guerra Fría— sería, también, «para siempre». Fue, entonces, que el cineasta y escritor británico Adam Curtis fagocitó la palabra de marras, hasta el punto de titular así su famoso documental sobre la crisis del capitalismo tardío: *HiperNormalisation*.

La «hipernormalización» se convirtió, entonces, en un concepto que explicaba las crisis respectivas de los dos sistemas antagónicos del siglo XX. Una definición capaz de captar ese instante en el cual las élites, muchas de las cuales seguían hablando por una sociedad a la que presagiaron un presente liberal infinito, se vieron dinamitadas por la eclosión de distintos modelos para armar el mundo. El neoliberal, por supuesto; pero también el modelo chino y el oligárquico ruso, el socialismo del siglo XXI o las teocracias capitalistas del mundo árabe, el patriarcado o una cultura que hoy ha dejado de regirse por los recetarios de la vencida figura del intelectual orgánico, casi sustituida por el intelectual de empresa.

A la altura de la tercera década del siglo XXI, ¿qué tienen en común estos modelos? Pues que a todos se les han sublevado sin contemplaciones. En Ecuador y Chile, contra el FMI. En Hong Kong contra la China capitalcomunista. En Nicaragua, contra un presidente y exlíder del sandinismo (otrora modelo de revolución por las armas, pero sometida más tarde a las urnas). Y contra la normalidad o el cambio climático...

Es aquí donde el proyecto intelectual de Yurchak deja de ser un asunto exclusivo del fin de la Unión Soviética y se estira hasta el presente para dar cuenta de un mundo cuya transformación las élites políticas ya no consiguen gobernar, ni las económicas comprar, ni las intelectuales explicar.

Es interesante observar cómo Adam Curtis, partiendo del mismo concepto, usa una estrategia narrativa distinta, si no contraria. A diferencia de Yurchak, que buscó en el subsuelo de lo visible, Curtis se mueve por lo evidente y epidérmico, por imágenes que los medios bombardean sobre nosotros. De hecho, su crédito en *HyperNormalisation* es como editor, no como director, dado que no «crea» ninguna imagen (todas salen de internet). De ahí que, él también, acuda a los hermanos Strugatski y Tarkovsky para hablar de esa *zona* en la que estaría emplazado un Orden Mundial que es capaz de crear sus propios enemigos. Un «régimen» cuyo destino fatal no estará —pese a su propia propaganda— en las incursiones bárbaras que vienen del otro lado del mundo, sino de su lógica interna. Un Orden que no caerá por invasión, sino por implosión.

Y todo, gracias a unas invenciones occidentales que van desde los talibanes hasta Muamar el Gadafi, pasando por amplias zonas del terrorismo, las finanzas, los diferendos entre Occidente y sus periferias, las distintas complicidades entre capitalismo, autoritarismo, medios de comunicación e incluso universidades.

Como sucedió en la Unión Soviética, el sistema «no sabe» o no quiere saber de su desplome. No se conoce a sí mismo, pues se ha basado en la fe de la eternidad, en estar hecho «para siempre»...

Hasta que un buen día deje, como su antiguo enemigo, de existir.

Alexei Yurchak nació en Leningrado, ahora —otra vez— San Petersburgo. La ciudad del Hermitage y la Casa de la Moneda, de Vladímir Nabokov y Joseph Brodski, de Pedro el Grande y Vladimir Putin. Digamos que es oriundo de esa gran concentración de cultura y poder de la Rusia zarista, de la soviética y de la postsoviética. Es, asimismo, profesor en el Instituto Tecnológico de Massachusetts, donde ha continuado sus pesquisas, siempre singulares, propias de un pensamiento que se niega a jugar con las cartas marcadas del binarismo al uso.

En esas indagaciones, Rusia y el mundo, Occidente y sus alrededores, son al mismo tiempo antagónicos y espejos mutuos. No son entidades separadas o compartimentos estanco, sino que están hiperconectados. Uno de sus estudios puede concentrarse en lo que ha dado de sí el Mausoleo de Lenin en términos históricos, estéticos, culturales, económicos psicológicos o cotidianos. Un compendio de la iconografía mortuoria de la revolución y el comunismo, cruzado por la Guerra Fría, el arte contemporáneo, la ciencia forense, la terapia de choque neoliberal o la mafia rusa.

Otras veces, estas investigaciones tienen como objeto el mundo occidental de nuestros días. Para *El ensayo empieza aquí*, la antología de Caniche Editorial que el Festival Gutun Zuria de Bilbao editó en medio de la pandemia, Yurchak aportó un texto sobre las parodias políticas y el populismo enfatizado por Donald Trump (aunque no solo él). Allí, aparte de ofrecer un documentado y original abanico de estas prácticas, o entenderlas como políticas jíbaras que crecen en los límites del liberalismo, enfatizó su desmarque del frentismo, de ese claroscuro que reduce los problemas a un Western encaminado indefectiblemente a la batalla final entre las dos Rusias, las dos Españas, las dos Américas, el «conmigo o contra mí», la muy contemporánea demolición de la ambigüedad en nuestras guerras culturales.

Desde luego, el mundo soviético no puede dejar de verse desde la perspectiva de la represión o el complejo entramado de vigilancia de unos seres sobre otros propios del sistema. «Pero centrarnos exclusivamente en ese aspecto no nos llevará muy lejos si queremos responder la pregunta sobre las paradojas internas de la vida bajo el socialismo».

A partir de esa premisa, Yurchak estudia tanto la vida cotidiana como los textos —muchas veces externos, muchas veces retrospectivos— que atendieron la vida comunista, dejando a un lado la bipolaridad de un sistema del Mal frente a un sistema del Bien representado por Occidente.

La experiencia soviética es, pues, un área —una zona— de la modernidad y al mismo tiempo de su crisis. Tal vez, la mitad de una pareja de baile que cayó primero, pero que al final conseguirá arrastrar a la otra parte consigo.

Por eso, la hipernormalización —un concepto fértil donde los haya— nos sirve para entender las agonías respectivas del comunismo, del capitalismo y de lo que hoy se ha dado en llamar mundo postdemocrático.

Una prueba fehaciente de que pensar es, siempre, pensar la paradoja.

Y todo ello a partir de una brillante capacidad arqueológica para excavar el pasado, una intuición sociológica para transitar el presente y un alto nivel de predicción para avistar el futuro. Un porvenir que también se nos anunció que era para siempre y que, cada día en el que avanzamos por él, no hacemos otra cosa que advertir su mortalidad.

Inteligencia artificial

* La iconofagia traducida a imagen por IA.

Juventud

La historia —también la de la iconofagia— puede resumirse en cómo se transmite el poder de una generación a otra. Y en el hecho, comprobado, de que esa transmisión, por los siglos de los siglos, no se ha caracterizado, precisamente, por la generosidad: los viejos poderes han sido tradicionalmente reacios a ceder el gobierno o abandonar con naturalidad y por las buenas las riendas del control político.

Es más, cuando se han encontrado ante el abismo, esos viejos poderes han preferido el Apocalipsis —«después de mí, el diluvio»— antes que una entrega razonable de la dominación. (No es casual que las revoluciones suelan invocar la juventud y el advenimiento, con ellas, del futuro hecho política; capaz de derrotar no sólo al antiguo régimen sino también al tiempo).

Mucho se ha escrito sobre la gerontocracia, y también crecen los análisis sobre la fobia a la vejez. Parece indiscutible el consenso de que debemos entender esa gerontocracia como el poder de los viejos, aunque quizá sea más preciso comprenderla como el poder de *lo viejo*. Un aferramiento conservador que, llegado el caso, ya no se manifiesta exclusivamente como amor al poder sino también —como sucede en España— a la oposición.

Esto se debe a la instauración de eso que conocemos como «clase política», y al correspondiente sentimiento de casta que se expande más allá de parlamentos y partidos para alcanzar la empresa, los medios de comunicación, las universidades o la cultura. Desde ésta, la gerontocracia se hace obvia cuando los sabios de la tribu consiguen establecer la tribu de los sabios (ratificada con metáforas más antiguas y canónicas, tales como «república de las letras», «ciudad letrada», «intelectualidad orgánica»).

La gerontocracia es, asimismo, un síntoma visible del instinto biológico de conservación traspasado a la política. También puede ser entendida como el resultado de la larga adicción a una droga compartida por ideologías y militancias muy distintas. Un elíxir que lo mismo ha enganchado a Fidel Castro que a Giulio Andreotti, quien de paso llegó a teorizar de la forma más cínica sobre las mieles del poder y el desgaste que supone no tenerlo.

Esa misma ubicuidad ha conseguido que la gerontocracia haya sido motivo de crítica, y escarnio, bajo cualquier régimen político. Un viejo chiste de la era soviética establecía de esta guisa una comparación entre el cocodrilo —uno de los animales más antiguos—

y el buró político: el primero, con cuatro patas y veinticuatro dientes; el segundo, con veinticuatro patas y cuatro dientes. La propia historia soviética ilustra, como pocas, ese traspaso entre generaciones y lo que éstas representaron: Lenin, Stalin, Nikita, Brézhnev, Gorbachov...

Más allá de la historia, quizá la pregunta que hoy debemos hacernos sobrepasa a la vejez de los políticos. Y es que el problema que se abate sobre nuestros días, más allá de la fecha de nacimiento de los mandatarios, radica en la vejez de la política misma y en la sensación de ocaso que emana de los poderes establecidos. En esa circunstancia, en la que el poder se escapa cada vez más de la política, la gerontocracia aparece como la patética obsesión por ocupar el espacio simbólico de un poder que se ha desvanecido.

En cualquier caso, los conflictos generacionales son un invento de los viejos para joder a los jóvenes. Esta alerta cínica de Anthony Burgess puede resultar útil a la hora de abordar en la actualidad el poder de la juventud. Hubo un tiempo, al menos en Occidente, en el que adelantar la madurez fue un signo importante de la cultura. De ahí que la juventud no sólo apareciera como la etapa del ímpetu, sino también de la fugacidad: un instante que debíamos «quemar» sin contemplaciones.

A menudo los románticos sentían, incluso desde la adolescencia, que habían «vivido suficiente». Por eso su afición al suicidio temprano (Larra), a la vida extrema (Rimbaud) o a cualquier guerra que pudiera redimir una existencia inútil (Byron). Con sólo dieciséis años, José Martí cumplía condena de trabajos forzados por oponerse al colonialismo español en la isla de Cuba. Elvis ya era el Rey antes de los treinta y los Beatles apenas llegaban a esa edad cuando se separaron.

Estos y otros ejemplos —pongamos el tan llevado y traído Club de los 27— hablan de una juventud cuya pujanza pasaba por una oposición sin cuartel a la gerontocracia, que se manifestaba en el Gobierno y en los padres, en los maestros y en cualquiera que tuviera autoridad.

Y es que ser joven fue casi siempre sinónimo de vigor, aunque casi nunca de poder.

En los últimos tiempos han cambiado las tornas y lo importante no es devorar la juventud, sino estirarla. Mantenerse joven, incluso adolescente, el mayor tiempo posible. Esta situación se debe a una compleja y siniestra combinación entre las lógicas de la precariedad y las lógicas del mercado. Entre ambas, la juventud parece haber perdido su carácter efímero, hasta el punto de que podemos afirmar que su problema actual —contrario a lo que pueda pensarse o desearse— radica en que dura «demasiado».

Aquí se da un grave dilema histórico, sobre todo si tenemos en cuenta que el mundo, casi siempre, se ha revolucionado gracias al impacto de una juventud corta pero problemática antes que a la impronta de una juventud dilatada y sin conflicto.

¿Puede hablarse hoy, en propiedad, del poder de los jóvenes?

Para contestar esta pregunta es necesario echar un vistazo al lugar de los jóvenes en la política (y aún más al lugar de la política en los jóvenes), habida cuenta de que —tal como dijo Marx— «los hombres se parecen más a su época que a sus padres».

Lejos de los spots y de la ilusión de una energía sin límites, del maquillaje trendy y de la implantación planetaria de lo que podríamos llamar la puberindustria, Ingrid Guardiola ha diseccionado a la juventud actual, en un artículo con todas las señas de un manifiesto, como una generación de sampleado y remix, multiplicidad y precariedad, incertidumbre y cierta actitud neorromántica.

Una generación cuya brújula no parece apuntar, tal cual existen, al poder o a la oposición —esa otra adicción de nuestra época, no lo olvidemos— sino a la activación de una especie de política de código abierto. Un grupo humano que, ciertamente, no será recordado en el futuro por su manera de compartir un estilo de gobierno, sino por su forma de compartir y compartirse en las redes.

KO

¿Puede un artista ser derribado por su curaduría, fagocitado por su exposición, empeorado por un museo?

¡Sí, puede!

Y puede, aunque ese artista tenga la dimensión de Félix González-Torres.

Veamos la secuencia de este pugilato, con sus rounds y sus respectivos desenlaces.

En febrero de 2020, González-Torres fue protagonista de la feria ARCOmadrid, que le dedicó su edición. En la primavera de 2021, vuelve a la batalla en Barcelona, gracias a una retrospectiva en el MACBA. Desde el primer momento, algunos intuimos que este año español de González-Torres —año que desafortunadamente coincidió con la pandemia de covid-19— sería problemático. La primera alarma se activó desde el mismo ARCO, pues la combinación entre una feria y alguien de su perfil sólo podía generar un cóctel no apto para diabéticos, más almibarado que ácido. Pero los organizadores de este evento decidieron poner en marcha la licuadora y —rebajando la dosis de limón— sustituir el «país invitado» por la obra e impronta de este artista nacido en Cuba, crecido en Puerto Rico y muerto de sida en Estados Unidos a los treinta y nueve años.

De esos tres países que cruzan directamente la biografía de González-Torres, sólo Estados Unidos había acudido a ARCO como «invitado». Cuba, donde nació, y pese a salir una y otra vez en las quinielas, nunca lo fue. Una evidencia de que esta feria nunca ha encontrado la fórmula para mitigar el diferendo entre ese país y su diáspora, algo que sí consiguieron otras instituciones españolas en el último cuarto de siglo. Tampoco había sido invitado Puerto Rico, donde se fraguó la obra que terminaría encumbrándolo más tarde como miembro del Group Material o en solitario. Esa otra isla que acogió sus «impresiones tempranas», rescatadas entre 2004 y 2006 por Elvis Fuentes (con la colaboración de Deborah Cullen) en un proyecto-libro realizado al alimón por el Museo del Barrio de Nueva York y el Instituto de Cultura Puertorriqueña.

El revival ofrecido por ARCOmadrid 2020 quedó englobado en el programa *It's Just a Matter of Time*, cuya curaduría estuvo a cargo de Alejandro Cesarco y Mason Leaver-Yap.

Una iniciativa más modesta, aunque con una carga simbólica poderosa, tuvo lugar en el estudio de Dagoberto Rodríguez —exintegrante de Los Carpinteros— bajo el título *Cada forma en el espacio es una forma de tiempo que se escapa.* Ideada por Solveig Font, esta muestra reunió a quince integrantes de la nueva generación de artistas cubanos en un homenaje de transición. A la espera de que un museo cubano, en alguna década de este siglo XXI, se digne por fin a honrar a un artista particularmente tozudo en su pertenencia a esta cultura.

En cualquier caso, no puede decirse que la presencia de González-Torres en el arte español haya sido testimonial. Bien porque sus primeros vídeos estuvieran marcados por el interregno español de su corta vida, como reflejos de la mala educación clerical que él y su hermana recibieron en este país bajo el franquismo. O porque en 1995 el Centro Gallego de Arte Contemporáneo, bajo la dirección de Gloria Moure y con curaduría de Nancy Spector, le dedicara una antología muy completa, con libro incluido. O por el parangón que se le supuso con Pepe Espaliú y sus performances sobre el sida. O por el correlato con Javier Codesal, tanto como la huella dejada en Nuria Canal, María Ruido, Dora García y Martí Manen. O por su aparición en la narrativa de Julián Rodríguez, convertido en el guía que llevó al escritor, editor y galerista extremeño hasta el círculo en el que se disolverían las fronteras entre arte y escritura. (Me cuesta no recordar nuestras divagaciones nocturnas, echando a volar el proyecto improbable de una exposición conjunta de Félix González-Torres con Martin Kippenberger).

Ese legado persistente, con el que también se identifican Teresita Fernández, Ernesto Pujol, Allora y Calzadilla o Tracey Emin, nos remite más a un método que a una forma específica. Pocas veces un artista tan austero consiguió marcar a gente tan distinta; sobre todo en un mundo que, tras su muerte, quedó dominado por una tecnología que él no llegó a conocer.

Cabe detenerse, asimismo, en su precisión milimétrica a la hora de seleccionar, cocinar y digerir sus herencias, con ese portazo a los excesos pirotécnicos del multiculturalismo de su tiempo. Ahí queda su sofisticada conversión del espacio expositivo en una página en blanco, unas veces dispuesta para poblar y otras para evocar. Ahí esa gestualidad tan próxima a los *ademanes* de Severo Sarduy: también camagüeyano, también exiliado, también mezcla de escritor y artista visual, también fallecido de sida tres años antes que él. Ahí su idea de la vida como un tiempo que se bifurca cuando se interrumpe su sincronización con la persona que amas. Y ahí su condición pionera a la hora de concebir lo cultural, lo sexual y lo nacional como áreas en conflicto dentro de un mismo emplazamiento crítico.

La incursión de González-Torres en el arte postal nos transporta hasta Eugenio Dittborn. Sus diatribas ideológicas y personales nos conducen hasta Pedro Lemebel. Su luminosidad a Dan Flavin. Su teatralidad al primer Jeff Koons. No debe olvidarse la fascinación por el diseño, la publicidad y el periodismo en alguien que llegó a admitir que *The New York Times* era su modelo y que realizó intervenciones directas en medios de prensa.

En todos los casos, sus soportes no eran otra cosa que herramientas; sus formatos, habitaciones; sus experiencias, capítulos de esa autobiografía visual que fue escribiendo a la vista de todos, pero cuidándose al mismo tiempo de no descubrirnos todas las claves.

Es difícil resistirse a la inteligencia visceral de esta obra elegante; mantenerse a salvo del contacto con las sábanas marcadas por unos cuerpos ya ausentes; ser incólumes a los caramelos proustianos y las bombillas que ofrecen esperanzas, a pasaportes y olas dispuestas para llevarnos a otra parte.

No ha sido tan viable, en cambio, asumir que su apertura hacia la poesía precisa de una contracción de la retórica. Si esto no siempre ha sido así, se debe en parte a que el propio González-Torres renegó tanto del *copyright*, y de la burbuja de la obra con aura, que puso bastante fácil el aplauso perezoso donde cabía la cautela crítica.

Por todo ello, tal vez lo más subversivo que podríamos hacer ante el excedente de sobreentendidos que rondan su trabajo no consista en *actualizarlo*, sino en *leerlo*. En seguirlo al pie de la letra y activar la relativa crueldad de ajustarnos más a lo que *dijo de sí* que a lo que *dio de sí*.

González-Torres fue orgullosamente gay y puertorriqueño, exiliado y nostálgico, activista y amante, cubano y neoyorquino, vanguardista y frívolo, devorador de los frijoles negros y de Celia Cruz, abanderado contra cualquier tipo de discriminación y adalid de la diferencia. El muchacho preocupado porque su pareja hubiera vivido antes con un modelo de Calvin Klein y el moribundo capaz de pedirme que no modificara la bandera cubana en una exposición —*La isla posible*, inaugurada en 1995 en el Centro de Cultura Contemporánea de Barcelona— porque era más perentorio «rediseñarle la guayabera a Mas Canosa o el uniforme militar a Fidel Castro».

Sublimar, en exclusiva, su parte estética —con esa cascada imitadora de cortinas, caramelos, camas y relojes— lo traiciona, porque sólo puede dar lugar a un minimalismo sin alma. Esgrimir únicamente su activismo también lo traiciona, porque sólo puede llevarnos a una demagogia sin fineza.

«¿Requisitos? —se preguntaba en 1991—. Yo no necesito ni pido requisitos para hacer o enseñar a hacer arte».

Una catarata de requisitos es, sin embargo, la que se le vino encima en su retrospectiva del MACBA. Comisariada por Tanya Barson —*Félix González-Torres. Política de la relación* es su título—, esta exposición se define como un proyecto enfocado en «el discurso poscolonial y las historias conectadas de España y el continente americano» que intenta actualizar la obra del artista «en torno a la memoria, la autoridad, la libertad y la identidad nacional». Que enfatiza su «relación con la cultura española, latinoamericana y caribeña, no como una simple narrativa biográfica singular, sino como un modo de complejizar cualquier lectura esencialista de la obra del artista a través de una única idea, tema o identidad». Que «subraya la influencia formativa de la obra de Gonzalez-Torres en la estética *queer*».

(En las citas anteriores he respetado la redacción original que aparece en la web del museo).

Consideremos lo del «discurso poscolonial y las historias conectadas de España y el continente americano». En esa deriva, se nos presenta al artista sumergido en un mar Caribe «decolonial»; nadando sin resuello en esa deconstrucción del anticolonialismo propia de la academia anglosajona y que en esta muestra no pasa del eslogan. Una estrategia intelectual bastante trillada en la que la cultura antillana se encarga de poner el cuerpo y el museo del primer mundo la cabeza: desde «allá», el sabor; desde «aquí», el saber.

A estas alturas, resulta inaceptable un discurso anticolonialista sobre el Caribe que se permita ignorar olímpicamente (salvo alguna alusión a Glissant, reconvertido en comodín de la curaduría contemporánea) a los intelectuales caribeños que han alimentado el amplísimo y sofisticado debate que, desde el siglo XIX hasta la postmodernidad, ha tenido lugar sobre-desde-contra este asunto. (Y esto vale para el arte contemporáneo en general, para González-Torres en particular, para la intelectualidad invitada a hablar en las conferencias).

Es inverosímil una posición anticolonialista que, al mismo tiempo, sea capaz de arrastrar la soberbia colonial de pasar por alto la sacudida del canon occidental producida en esos territorios. En esas islas en las que Marx y Shakespeare —*El capital* y *La tempestad*— han acabado deglutidos, digeridos y devueltos como paradigmas anticoloniales. (Allí hay iconofagia para repartir). Esa ausencia es todavía más alarmante en una exposición que se titula, precisamente, *Política de la relación*, y que ningunea sin sonrojo —no sólo intelectual, sino también geopolítico— a Cuba y Puerto Rico. Las dos islas-modelo de la Guerra Fría en el Caribe, tan contrapuestas como complementarias. Las dos últimas colonias españolas de las Antillas, ejemplarmente atenazadas por el colonialismo, el neocolonialismo, la Unión Soviética, Estados Unidos, las bases militares, el resort turístico.

«Cuba y Puerto Rico son de un pájaro las dos alas», decía la poeta puertorriqueña Lola Rodríguez de Tió en el siglo XIX y repetía el trovador Pablo Milanés en el siglo XX. En un ala, el país comunista que llegó a integrarse en el bloque soviético. En la otra, una neocolonia con el estatus de Estado Libre Asociado de Estados Unidos. Evidentemente, para entrarle con rigor a este tema y a la «política de sus relaciones», hace falta algo más que replicar el anticolonialismo de Ivy League que hoy parece contentar a las buenas intenciones curatoriales. De esa *hiedra* es difícil zafarse.

Si esto sucede con la inmersión del artista en aguas anticoloniales, las zambullidas españolas no se quedan cortas. Luego de solventar con acierto los inicios españoles de Félix González-Torres y sus vídeos de esos tiempos, de pronto se nos ofrece una adaptación libérrima de algunas obras posteriores y estadounidenses a la historia española. El caso más flagrante es el de *Republicans*, una pieza que apunta directamente a la política de Estados Unidos sobre el sida en la era Reagan-Bush I. Pues bien, lo que era una crítica muy concreta al Partido Republicano, se convierte aquí en alabanza a la República española. ¿Es necesaria esta cañona? ¿Aporta algo a la obra del artista o a la historia de España?

Si se quería establecer una relación entre el Caribe, Estados Unidos y la República española hubiera sido mucho más interesante hablar de las brigadas internacionales que lucharon en ella. O, ya puestos, recuperar la figura de Pablo de la Torriente Brau, protagonista de esa contienda que, al revés que González-Torres, había nacido en Puerto Rico y crecido en Cuba, y que acabó dando la vida por esa República que no es, precisamente, la de los *Republicans*. (Una ironía del destino quiso que, coincidiendo con la exposición, comenzara la búsqueda de los restos de este héroe antillano, uno de los mil voluntarios cubanos en la guerra civil, en el cementerio de Montjuic, justo a unos cinco kilómetros del MACBA).

Otro tanto sucede con una de esas obras paradigmáticas sobre la relación amorosa que ha dado la historia del arte: *Perfect Lovers*. Una pieza muy reproducida y muy explicada por el propio autor, que siempre enfatizó la conexión de ese compás del tiempo con la muerte de su pareja. Verbigracia de otra política de la relación, *Perfect Lovers* termina asociada a los tiempos de Hitler y Franco, esos «perfectos amantes» del exterminio. Si muchas piezas de González-Torres no tienen título, esto, sencillamente, no tiene nombre.

La exposición dispone, asimismo, de una plataforma de baile para que un gogó —«vestido únicamente con zapatillas de deporte y un calzoncillo de lamé plateado», según la prensa— se marcara un baile sin previo aviso y con una música que sólo podía escuchar el ejecutante. (No tuve la dicha de presenciar esa sorpresa en mis dos visitas a la exposición en el museo, así que no voy a comentar sobre lo que no he visto).

Al final, y canibaleando —más bien calibaneando— un título de Julián Rodríguez, el año de González-Torres en España fue el de una temporada atrapado en las teorías de los demás. Más que expandido, confinado en una serie de traducciones que le interpelan pero que apenas le permiten interpelarnos a nosotros.

¿Es legítimo tomar la obra de un artista y «adaptarla» de esa manera a las agendas actuales? Evidentemente, sí.

¿Funciona, en esta exposición, semejante estrategia? Rotundamente, no. Y un «No» sin «peros» en la lengua.

Porque no se trata de que una curaduría modifique o readapte a un artista. Se trata de que una operación de esta naturaleza evite empeorarlo hasta el punto de que este, incapaz de cumplir con los requisitos demandados a su obra, quede por debajo de las expectativas.

Sin proponérselo, lo que sí consigue esta exposición es demostrar el final de un camino que la historia del MACBA ejemplifica como pocos museos: la línea que va del apogeo —Borja-Villel— hasta el declive actual de la estética relacional. Esa misma apuntalada por Bourriaud y que hoy se derrumba, justo cuando los artistas más perspicaces de esta tendencia han abrazado el activismo social, la oposición política directa o la representación parlamentaria.

Lástima que para demostrar esto Félix González-Torres tuviera que ser devorado por su homenaje. Noqueado por su exposición.

Literatura expandida

Del mismo modo que el arte ha invadido la literatura, también ha tenido lugar, en dirección opuesta, una irrupción de la narrativa en el arte, ofreciéndole a éste, además, un nuevo campo en el que progresar y renovarse.

Algo de eso es lo que ha buscado, en las últimas décadas, la llamada «literatura expandida», que ha tomado referencias de la cultura audiovisual para diversificar y renovar la encomienda convencional de la escritura.

¿Qué se propone esta corriente? Entre otras cosas, sublimar la condición espectacular de la literatura y su faceta gregaria, resaltar su conexión con las nuevas tecnologías y su teatralidad, enfatizar su vínculo con la cultura pop y la televisión, asumir el impacto de las redes sociales y el lado exhibicionista de los escritores...

La literatura expandida se acomoda en un terreno mixto cruzado por el teatro y el cine, el videoclip y la perfomance, el *spoken word* y la publicidad, el grafiti e internet. Su vinculación con el arte se expresa en el origen del propio concepto que la nombra, deudor de Rosalind Krauss y su ensayo de 1979, *La escultura en el campo expandido*, en el que discernía sobre la escultura minimalista y en cómo ésta había traspasado el museo tradicional para ir al encuentro de territorios abiertos, como la misma naturaleza.

La literatura expandida reúne, entonces, malestar y renuncia; crítica al *statu quo* del sistema literario y propósito de «contar» en otros soportes; apuesta por traspasar las fronteras genéricas —ensayo, poesía, novela— e intención de disolverlas.

Todo esto —en realidad un compendio de ejercicios iconofágicos— no puede ser más que bienvenido. Sólo que, en un mundo en que la sobredosis visual resulta asfixiante, quizá valga la pena preguntarse si es, precisamente, un incremento de imágenes lo que necesitamos para salir del impasse.

Acaso, lo que apremia a la cultura contemporánea no es una multiplicación de las imágenes, sino de las palabras. Es ahí, quizá, donde la expansión literaria consiga ser más fecunda y descubra que la clave de su impronta no está en que sus autores acaben pareciéndose a un artista sino que se comporten, precisamente, como un escritor que ha devorado a ese artista. Y esto, dicho con todas las variantes, y todos los matices, que les tenga deparado el siglo XXI.

Museo

Los museos pueden ser la metáfora de una ballena varada en la orilla, a la espera de su inevitable extinción; pero también admiten la parábola del banco de peces, con su energía diligente y múltiple.

Son varios los museos que suelen proponer nuevas lecturas de sus colecciones; pero es mucho más creativo el reto de escribirlas.

En los museos no paramos de hablar de la crisis de Occidente; pero es posible imaginar la cultura occidental desde otro punto de vista que no repita el emplazamiento hegemónico de costumbre ni, tampoco, el nihilismo melodramático que la sitúa en un callejón sin salida.

Estos tres «peros» —estas tres objeciones— podrían funcionar como pistoletazo de salida a la hora de pensar los museos en esta era de la iconofagia. Dispuestos a asumir que lo óptimo y lo optimista deberían compartir mucho más que una vecindad semántica.

Conviene, entonces, desmenuzar el modelo de museo que podría imaginarse, cursado ya el primer cuarto del siglo XXI. En estos tiempos en los que no hay mañana en la que esta institución no amanezca estremecida por alguna alarma. Un día, sacudida por los apremios de su consejo rector (el ICOM), obsesionado con reescribir su definición con tal de alargar su vida. Otro día, por el ataque frontal al origen colonial de sus colecciones. Otro, gracias a la polémica desatada por el comienzo o final de mandato de alguno de sus líderes.

El caso es que, aquí y allá —un día sí y otro también—, imaginar el museo y su destino viene ligado al temor por su cataclismo, la constatación del declive de su misma existencia.

No hace falta ser un adicto a las teorías de la conspiración para entender que la crisis de los museos va más allá de un simple cambio semántico, la devolución a destiempo de una colección o la sustitución de una persona por otra.

Porque lo que está en juego es el sentido mismo de esta institución en el siglo XXI. Y porque, aunque no queramos enfrentarlo, lo que hoy estamos viviendo no es otra cosa que el final de un modelo. El mismo al que se ha abonado fervientemente el arte contemporáneo en las últimas décadas: ese círculo virtuoso dibujado a compás por Aby Warburg, más tarde retomado por Georges Didi-Huberman, y del cual Manuel Borja-Villel (seguido por una notable cantidad de discípulos) ha sido su más consumado representante en España.

Esa convicción del museo como un atlas —capaz de contener al mundo, sus imágenes y sus problemas dentro de sí— ha implosionado. (Y tal vez no podía ser de otra manera, dada esa mezcla que, bajo un discurso aparentemente revolucionario, en realidad acababa atornillando tanto su contención como su inmovilidad).

Continuar por ese camino sólo puede llevarnos a mantener una inercia entre los escombros del estallido; pertrecharnos con balas salvas para continuar disparando sin efecto en las escaramuzas que animan nuestras pintorescas guerras culturales.

¿Qué sentido tiene, hoy, insistir en ese atlas que es al museo lo que el narrador omnisciente a la novela? ¿Por qué todos debemos seguir sin rechistar a ese relator totalitario que dispone de la Verdad, toda la Verdad y nada más que la Verdad?

Una programación que ignore este final de ciclo sólo puede estar abocada a la inercia. O a la imitación a destiempo, como un clon desdibujado que se empeña en mantenerse a flote en una marea de Pensamiento Único que se jacta, eso sí, de enfrentarse al Pensamiento Único.

Si ampliáramos nuestro punto de mira, constataríamos sin embargo que a ese museo-atlas no le faltan modelos o proyectos opuestos (o diferentes), que no por orillados están menos capacitados para proyectarnos a algún lugar del porvenir. Así Paul Virilio, para quien toda ciudad es un museo vivo y al aire libre que funciona en tiempo real; o Clementine Delisse y su museo metabólico, que consigue nutrirse (nunca mejor dicho) del proceso vital de sus visitantes, con su propio tiempo de gestión y digestión de los discursos artísticos. Así Orhan Pamuk que lo ve como un espacio íntimo, literario y emocional capaz de armarse de los recuerdos, objetos, pasiones y tristezas de unas vidas comunes (y en común); o David Markson que los sitúa como el refugio idóneo para las últimas personas vivas del planeta. Así Roberto Valencia, que ve los museos como palacios, hangares y cuevas en los que el visitante activa sus modos de mirar, dejando en la puerta la imposición de los cánones artísticos que imperan actualmente; o Eric Klinenberg, que los incita a fijarse en centros barriales, bibliotecas o iglesias, perímetros mejor dotados para sobrevivir a las crisis recurrentes del presente. Así Diana Fuss y Joel Sander, que proponen modificar el flujo de grandes almacenes que todavía impera en sus espacios; o Pierre Bourdieu, que los considera espacios por excelencia para monetizar la revolución virtual una vez fracasada la revolución real.

De un modo más mordaz y actualizado, Paul B. Preciado los entiende como «fábricas de representación» sobre los que habría que construir y negociar la soberanía.

Si nos detenemos en el libro citado de Roberto Valencia, *Palacios, hangares y cuevas* (La Navaja Suiza), encontramos al autor internándose en museos como el Louvre y Anne Frank, Oteiza y Neues Museum, Cueva de Pair-Non-Pair y el de Historia Natural de Francia, el Museo Egipcio de Turín y el de la Acrópolis en Grecia, Berlinische Gelerie y Serralves, el Prado y HangarBicocca...

Situado en el lugar del espectador, Valencia nos invita a sacarle el aura a las obras, despojándolas de su capacidad para anonadar y primando su invitación a pensar. Así, nos habla del lugar del arte en la cosmovisión del mundo y, al mismo tiempo, del derecho de cada visitante a armar su particular colección mental y utilizar su propia caja de herramientas ante las imágenes. Valencia deplora el nivel de cobayas a las que nos sometemos una vez entramos en estos perímetros. De ahí su repulsa a que nos convirtamos en admiradores pasivos de las obras que allí se nos disponen. El fracaso de cualquier visita a un museo empieza en la puerta, razón de más para asumir el reto de seguir avanzando, a todo riesgo, con nuestros juicios propios y sin los prejuicios ajenos.

No es necesario, en cualquier caso, exagerar: aunque les ronde el halo de esos barcos a los que les cuesta volver a echarse a la mar, los museos no son (al menos, no todavía) naves hundidas. Sólo es cuestión de encontrar nuevos surcos, sin promesas mesiánicas, aunque con pequeñas utopías prácticas. Y eso pasa por esquivar la pantomima de emprender nuevas rutas usando los mismos aparejos. O, como decía un conocido trovador, «arando el porvenir con viejos bueyes».

Hoy, en medio de una guerra que afecta a casi todo el mundo, y después de una pandemia que transformó, entre muchas cosas, los usos y costumbres de la producción, distribución y consumo cultural, parece un espejismo pensar el futuro de los museos en la tesitura de un regreso a la vida anterior. Todavía menos, desde esa cándida definición alcanzada por la jerarquía del ICOM, que nos habla de esta entidad como «una institución sin ánimo de lucro, permanente y al servicio de la sociedad, que investiga, colecciona, conserva, interpreta y exhibe el patrimonio material e inmaterial. Abiertos al público, accesibles e inclusivos, los museos fomentan la diversidad y la sostenibilidad. Con la participación de las comunidades, los museos operan y comunican ética y profesionalmente, ofreciendo experiencias variadas para la educación, el disfrute, la reflexión y el intercambio de conocimientos».

Decir esto es decirlo todo y, al mismo tiempo, no decir nada.

Está claro que, a estas alturas del siglo XXI, nadie va a repetir la clásica definición del museo como casa de las musas. Pero no conviene omitir que sigue siendo la casa del *display*, hasta el punto de haber convertido, casi exclusivamente, al arte en su exposición. Y de contradecir, en la práctica, el cacareo retórico de su apuesta por el conocimiento, el archivo o la acción social. (Baste ver las partidas presupuestarias de que disponen estos apartados en las instituciones que más se jactan de abordarlos).

No son éstas las únicas contradicciones. Suena bastante hueca la invitación a democratizar las colecciones y no cuestionar en profundidad su origen. O esgrimir el estandarte contra el «ánimo de lucro» sin afrontar el lugar que ocupan estos templos en las economías de servicios propias del turismo, con sus tiendas, sus restaurantes, sus franquicias. O marearnos con su proyección comunitaria y su compromiso social sin asumir que también se comportan como una vanguardia de la especulación y encarecimiento de las ciudades; con esos edificios en los que el continente, gracias a la llamada «starquitectura», cada vez se ha hecho más importante que los contenidos. O ignorar que el modelo actual lleva tres décadas en una desesperada huida hacia adelante, siempre a la caza de una meca salvadora que los ha hecho saltar de Nueva York a Rusia, de Rusia a China, de China a los Emiratos... ¡Y no precisamente para emancipar a los pueblos de las injusticias de esos mundos! O de lanzar, como ironizaba a menudo Pepe Guirao, campañas sobre el público y por el público... «pero nunca con el público».

Estamos suficientemente escamados para pensar que una crisis estructural puede arreglarse con un cambio de dirección, un retoque en las cartelas de las salas, o incluso cambiando el nombre mismo del museo, como se ha propuesto no hace mucho. Es inevitable, por otra parte, profundizar en el cambio del modelo de trabajo que nos ha dejado la pandemia, con la correspondiente depauperación laboral que vive, también, el sistema de la cultura.

Cuando escribí *Teoría de la retaguardia*, expuse humildemente que nuestro tiempo se diferenciaba radicalmente de aquel en el que Peter Burger había escrito su monumental *Teoría de la vanguardia*. Si en los tiempos de Burger el dilema que enfrentaba el arte era su deber de mezclarse con la vida, en esta época nuestra el gran problema del arte radica en su obligación de abrazarse a la *supervivencia*. Quizá desde ese cambio de tercio podamos concluir que los museos se parecen mucho más a la gente de lo que piensan quienes se han dado a la tarea doctrinaria de modificarla. Con ese 10 por ciento —o menos— que ya les va quedando, al museo y a la gente, para programar su futuro en la sobrevida.

Nepocracia

Llámenle estirpe o linaje, herencia de sangre o ralea.

Díganle enchufe.

Cualquiera de estos términos nos conduce a la nepocracia y, tal como están las cosas, es difícil que su sola mención no nos remita a un patrón inmediato.

A cualquier ejemplo de esas sagas familiares que protagonizan el poder político reciente, fresco, de hoy mismo...

A fin de cuentas, dirán los lectores, ¿para qué andarse con historias antiguas si a nuestro alrededor no se habla más que de los Borbones? ¿Para qué tanta arqueología si un poco más lejos tenemos el apellido Clinton entrando y saliendo de la Casa Blanca, la pintoresca presencia del tercer Kim consecutivo en Corea del Norte, el momento de continuidad del segundo Castro que gobernó en Cuba después de casi seis décadas o la implantación del matrimonio Ortega en Nicaragua?

Y es que el uso de la nepocracia (más bien su abuso, pues su mera existencia ya implica arbitrariedad) no conoce fronteras geográficas, políticas o ideológicas. En democracia y en dictadura, en monarquías y repúblicas, bajo el capitalismo y el comunismo, así en la paz como en la guerra, la nepocracia persiste como un do sostenido de la vida política.

Claro que no podemos negar su protagonismo en las monarquías, pero tampoco conviene solazarse en el consuelo de que es algo exclusivo de éstas. Si miramos a Estados Unidos, donde no ha habido reyes, encontramos que allí se habla con toda naturalidad de la dinastía de los Kennedy o los Bush. Y eso en lo que toca a la política, digámoslo así, directa. Un Rockefeller nunca ha necesitado la presidencia del país para mandar en él.

Esa omnipresencia de la nepocracia contrasta con su escaso lugar en los diccionarios. Allí, «nepotismo» se mantiene como la expresión convencional de este tipo de poder, aunque no todos los países, lenguas o culturas le presten la misma atención, algo que dice mucho sobre este asunto. Un rastreo por las distintas versiones de la Wikipedia ilustra esas diferencias. En catalán, por ejemplo, se le destinan al nepotismo unas cien palabras, mientras que en castellano no pasa de cuatrocientas. En la Wikipedia francesa las cosas cambian, crece el volumen de la definición, y hay lugar considerable para su historia con ejemplos que van de los Bonaparte a los Mitterrand. La Wikipedia en inglés aporta, además, una jugosa recomendación de libros y artículos para ensanchar nuestros conocimientos sobre este poder filial.

Mientras esto sucede en los territorios del lenguaje, en el campo de las ideas se ha impuesto recientemente la teoría de un capitalismo nepocrático al que Thomas Piketty llama «patrimonial», en el cual se rompe el ascensor social que dinamizaba a las sociedades contemporáneas. Es de lo que trata, precisamente, *El capital en el siglo* XXI, libro asentado en un meticuloso análisis estadístico que manifiesta la ruptura entre la acumulación de riqueza y la distribución de esa riqueza durante los últimos doscientos cincuenta años. El resultado, sobre todo a partir de la Segunda Guerra Mundial, no deja lugar a dudas: el mundo actual se ha construido sobre la base de una desigualdad creciente. Una disparidad que disuelve las oportunidades de mejora social y la vieja fantasía de unos padres que se esforzaban para que sus hijos vivieran mejor que ellos.

Así las cosas, hablar hoy de nepocracia no requiere que saquemos del baúl histórico a toda la saga de reyes, magnates, presidentes o primeros secretarios que en el mundo han sido. Basta con menear un poco esa suerte de feudalismo de mercado de la actualidad, para ver que son las mismas familias las que incrementan su riqueza y son las mismas familias las que incrementan su precariedad.

La nepocracia —desde esta perspectiva de la desigualdad (*inequality*)— refuerza cada vez más la idea de un mundo que, a nivel social, va regresando al siglo XIX. Pero hay otro punto que no conviene olvidar. Todo el mundo conoce la muy famosa, y muy mafiosa, frase de

Roosevelt sobre Somoza: «Es un hijo de puta, pero es "nuestro" hijo de puta». En esta era del capitalismo selectivo, esa sentencia se refuerza según el proyecto político del que se trate: el problema no es que sean capitalistas, es que no sean «nuestros» capitalistas.

Destruida la quimera meritocrática del hombre hecho a sí mismo que podía cambiar el estigma de su pobreza ancestral, el capitalismo selectivo se incrusta en las élites y, sobre todo, en unos gobiernos que legislan a su favor (que no para todos los capitalistas) como premio a su lealtad (que no a su capacidad competitiva).

A este capitalismo sólo para fieles le queda muy poco del viejo liberalismo, y resulta difícil encontrar en su proceder algo del espíritu de Adam Smith en *La riqueza de las naciones*.

El capitalismo selectivo tiene raíces más cercanas en las implantaciones de las dictaduras del Cono Sur en América Latina o en la China de Deng Xiaoping, modelos en los que David Harvey detectó el inicio del neoliberalismo a escala mundial. Otro capítulo importante de su evolución estaría conectado a las transiciones de las sociedades comunistas a la economía de mercado, con sus terapias de choque y el surgimiento de los nuevos oligarcas. Un tercer momento de capitalismo selectivo podemos encontrarlo en los Emiratos Árabes, donde el matrimonio entre petróleo y monarquía no para de seducir a Occidente: ahí tenemos las franquicias del Louvre o la Sorbona, el Mundial de Fútbol en otoño y un circuito de golf multimillonario en todas las estaciones.

Estados Unidos, Europa o China son cada vez más proclives a esta especie de capitalismo bajo el cual el Estado funciona como director de operaciones, mediador o mero subordinado, según el caso. Para este modelo, y siempre teniendo en cuenta los matices, un capitalista no es malo por el hecho de serlo, sino por no apoyar suficientemente la causa del Gobierno. Y al revés, para este capitalismo ultraliberal, el Estado ya no le resulta nefasto por definición, siempre y cuando les permita operar a su antojo.

Al final de la revolución sandinista, los nicaragüenses emplearon un término que vale la pena traer al presente (y que ellos mismos sufren hoy más que nadie: «la Piñata». Un grupo está a partir un piñón político siempre que tenga en la mano un hilo del que tirar para romper la piñata y beneficiarse del aluvión económico.

Es ese el momento extático en que el padre le traspasa al hijo sus caramelos y le suelta esta frase bíblica: «Levántate y manda».

Ñ (un cuento)

Sueño, a menudo, con Cuchara.

Era ñáñigo, decían. También que parecía un cromañón.

Le adjudicaban el ñeque, porque traía la mala suerte y la pava; era gafe.

Le acuñaron el Cuchara por la cárcel, donde entraba tantas veces que parecía añorarla.

Siempre que salía del presidio, soltaba la frase que le regaló su alias: «Guárdenme la cuchara, que yo vuelvo».

Yo era entonces un fiñe, un niño de mi abuela en aquella playa perdida de pescadores huraños.

Y Cuchara me buscaba. Metiendo la ponzoña en el esmero conjunto de escuela y hogar por educarme.

La fuerza de Cuchara radicaba en su maña. Su cultura en sus múltiples artimañas. Su catadura era la de una alimaña.

Cuchara se jactaba de dormir sin soñar. Tomando sus añejos, buscando sus coños, apañando su aliño.

Nunca supimos sus años, aunque fueran muchos sus daños. No había nada señero en su vida, preñada de delitos y engaños.

En aquella playa de antaño, que nos premiaba con el mar al final de clase, solía interrumpir nuestros baños. Si apenas refunfuñar, nos asustaba con su mirada aviesa y castaña.

Él siempre en lo suyo, apañando cualquier negocio, y siendo perseguido con saña.

Lucía su patilla y su moño. Colgando del cuello, con orgullo, su cucharita de estaño en aquel trópico en el que un bisoño trovador había inventado el otoño.

Cuchara se jactaba de no haber ido jamás a cortar caña, nunca hacía piña, era ermitaño. También anticomunista: «Desde que esta gente bajó de la montaña, esta playa se ha llenado de ñángaras».

Pero allí volvía del trullo cada año, regalando caramelos y desoyendo regaños.

Enseguida hacía efecto en la peña, que no echaba leña al fuego, como buen rebaño. Se teñía la melena, siempre dispuesto para un baile donde sonaban los Van Van pero ya nunca Arcaño.

Yo entonces no había leído un poema de Gloria Fuertes dedicado a la ñ, ni un cuento infantil sobre un niño ñoño. No sabía de un movimiento con esa letra ni de revista o festival literario algunos. Ignoraba que esta letra era el orgullo de todo un idioma. Me dedicaba a obedecer a doña Sarah que me protegía del daño.

Y del engaño que Cuchara ejercía sobre mí.

Cuando mi primo Alfredo lo mató, clavándole en el ojo su propia cucharita de estaño, se sorprendió de haberle hecho añicos una legaña.

Occidente

¿Y si...?

¿Y si la cultura occidental pudiera ser explicada desde su insularidad? ¿Y si las literaturas producidas en los extremos de Occidente pudieran pertrecharnos para lidiar, «de otra manera», con el canon de sus hegemonías? ¿Y si habláramos de una estética sin fronteras en la que Joan Miró y Wifredo Lam se complementaran? ¿Y si la última batalla en Occidente tuviera lugar entre inmigrantes y turistas, entre las huestes que nos llegan en pateras y las que nos llegan en cruceros? ¿Y si esa situación prebélica ya hubiera cambiado la fisonomía de nuestras ciudades obligándolas a replantearse sus identidades? ¿Y si —desde Santo Domingo hasta Ibiza— la lentitud, la siesta o la vida misma adquirieran proporciones canónicas ante los clichés con los que el Occidente anglosajón y protestante suele encumbrar la virtud? ¿Y sí en cada una de las orillas de este archipiélago imaginario encontráramos la solución a los enigmas producidos en las otras, tal cual ocurre en una novela de la dimensión trasatlántica de *El negrero*, escrita por Lino Novás Calvo? ¿Y si la piratería y el horror del tráfico de esclavos dispusiera de una cara B que incluye ese otro trasiego de libros prohibidos que hizo llegar la Ilustración a los márgenes occidentales? ¿Y si fuera posible dejarse arrastrar, alternativamente, por la corriente fundacional que impulsó el Nilo de Sinuhé, el Misisipi de Greil Marcus, el Danubio de Claudio Magris, el Mar Menor de Emir Kusturica o el territorio sonoro y ultramarino de María del Mar Bonet? ¿Y si, en la estela de Alejo Carpentier, este mundo pudiera definirse como un archipiélago «profanopopular» de resistencia al racionalismo? ¿Y si, en la estela de R. Murray Schafer, Occidente no fuera más que un «globo terráqueo psicoacústico» que nos arrulla con una música reconocible? ¿Y si Occidente mereciera una historia circular, un viaje de ida y vuelta entre el Mediterráneo y el Atlántico, si se comportara como un vórtice con muchos huracanes? ¿Y si fuera el resultado de un orientalismo (como el de Edward Said) en dirección inversa, siendo construido desde unas orillas que se precipitan sobre su legado? ¿Y si el primer productor de estereotipos se hubiera convertido ya, por efecto llamada, en el cliché favorito de los Otros? ¿Y si estas aguas demandaran una navegación infinita entre la Ilustración y la guillotina, la esclavitud y las revoluciones, la plantación y la insularidad, las bases militares y los paraísos turísticos? ¿Y si la de Occidente fuera la historia de un vértigo ante la posibilidad de caer más allá de sí mismo? ¿Y si Jean-

Luc Godard y Xavier Antich tuvieran razón en eso de que saldar la deuda con Grecia debe reducirse a pagarle un *copyright* por todo lo que le debemos? ¿Y si la tuviera Santiago Auserón al defender una manera sureña de habitar Occidente, privilegiando el placer frente a los dispositivos productivos del frente anglosajón? ¿Y si en los estudios canónicos, cada vez que se estudiara *La tempestad*, de Shakespeare, tuviera lugar el análisis de Kamau Brathwaite, Roberto Fernando Retamar, Aimé Césaire o Rodó? ¿Y si los estudios de *El capital*, de Marx, requirieran el completamiento de la plantación que llevaron a cabo Cepero Bonilla, Manuel Moreno Fraginals o Eric Williams? ¿Y si la enseñanza de Oscar Wilde pasara por Luis Rafael Sánchez —*La importancia de llamarse Daniel Santos*—, o Junot Díaz —*La maravillosa vida breve de Óscar Wao*—? ¿Y si Homero y *Omeros*, de Derek Walcott, tuvieran que amalgamarse en un mismo plan lectivo? ¿Y si el Darwin de la aventura en el Beagle o el Kant de *La potencia aterradora de lo sublime* o los viajes de Humboldt se unieran a un joven artista ecuatoriano, Oscar Santillán, para rematar la cartografía de Occidente? ¿Y si el «arte magna», de Ramón Llull, fuera, como dice Eco, el resultado de una iconofagia muy mallorquina?

¿Y si *Un arcoíris para el Occidente cristiano*, de René Depestre, sustituyera definitivamente, en este hemisferio geográfico y simbólico, lo multicultural por lo multicolor?

Post

En la postcultura.
En la postmodernidad.
En la post Guerra Fría.
En el postcomunismo.
En la postdemocracia.
En la era de la postverdad.
En nuestro estrés postraumático.
En la postnovela, lo postfotográfico y la postficción.
En lo postapocalíptico.
En la posthistoria.
En este tiempo de todas las prórrogas.
En lo postcolonial.
En lo postestructural.
En las posturas que asumimos a diario.
En el postcapitalismo.
En el postfuturismo.
En el postmarxismo.
En la posteridad.

Los ensayos, artículos y entradas de diccionarios quedan reducidos a un post.

Qué

Un día, el «qué» se comió al «cómo» en la valoración de las obras artísticas en general y las imágenes en particular. Ese día, el periodismo fagocitó a la crítica, la noticia a la interpretación. La anécdota acabó con la hermenéutica.

Cualquiera puede recordar que, durante años, buena parte del público y el mundo del arte en España esperaba la inauguración de la feria de ARCO para saber qué obra resultaría más polémica; es decir, noticiable. Franco en una nevera de Coca-Cola, un vaso de agua medio lleno o medio vacío, la reproducción del rey de España como una escultura gigante: Gulliver en el país de los enanos.

Esto es resultado directo de eso que Baitello Junior llama «la era de la iconofagia». Con el consecuente apogeo del *clickbait* y con esos titulares escabrosos que poco tienen que ver con la noticia una vez que hemos picado. Todo sea por el tráfico de internet.

Cuando un periodista reluce, lo primero que pasa es que pierde la calle, deja de escribir crónicas y al final acaba asentándose en la opinión. Los diarios están llenos de personajes televisivos, las editoriales siempre están a la caza de sus novelas o textos de no ficción. Todos y todas con una historia que contar, pero no necesariamente avezados en el cómo contarlas.

No hace mucho tiempo, un libro o una exposición o un concierto tenían, digámoslo así, dos vidas en un mismo medio: el primero, dedicado a la información; el segundo, dedicado a la crítica. El primero era la noticia (una presentación, un estreno, una inauguración). En el segundo, se escrutaba eso que tanto preocupa a Coetzee: los mecanismos internos de las obras. En esos tiempos el qué y el cómo estaban compensados. El periodismo y la crítica, separados.

Pero vivimos una vida yuxtapuesta de multitarea, de reducciones drásticas de personal, un palimpsesto de encomiendas. Y de ese propio tráfico cibernético que demanda «temas» a toda costa.

Aquí, también, como aconsejaron Marx y Sherlock Holmes, hay que seguir la pista del dinero.

En *Qué es el Qué*, Dave Eggers narra la biografía de Valentino Achak Deng, un niño sudanés que había vivido un verdadero infierno. A Eggers no le pareció secundario el cómo narrar la tremenda biografía ajena en la que se había embarcado. Su personaje dignificó ese *qué* a base de hacer corriente lo excepcional, evitando que la noticia congelara en un titular una vida terrible. El dilema ético aquí no era lo que se narraba, sino el tono con el que se hacía. Desbrozando el tremendismo de la historia de este niño y el calvario de su travesía por África y sus encuentros sucesivos con guerrillas, campos minados y hienas.

Cuando Cristina de Middel abandonó su trabajo como periodista de sucesos, realizó un ejercicio de iconofagia en sentido contrario y se rebeló frente a esa situación. Así, se entregó a los mundos del *cómo* renunciando al viejo *qué* al cual se dedicaba en su tarea diaria de fotoperiodista.

Lo primero que hizo fue irse a China. Y una vez allí confrontó las iconografías contradictorias que estaban en el origen y los resultados de ese modelo chino no tan exótico que se ha adueñado del modelo mundo.

Del partido a la fiesta. Del *Libro rojo* al color carmín de la nueva época. De *Party* a *Party*… Y de la Revolución cultural comandada por Mao al actual modelo chino, que lo traiciona con el mercado mientras lo afianza con el Partido. La China capitalcomunista como la simbiosis perfecta del siglo XXI y en la que De Middel captó, con toda la agudeza, lo siniestro de la continuidad que se aloja en la ruptura. ¿O era al revés?

El caso es que Cristina de Middel renunció al *qué* porque entendió que había muchas maneras de afrontar el desencuentro entre la realidad y la verdad. Siguiendo el principio de Artaud —«nunca real y siempre verdadero»—, supo muy pronto que cada una de sus series requería una estrategia específica a la hora de materializarla. Esas mismas series que se comportan como pequeños tratados de iconografía. Que pueden desplegarse como ficciones visuales y al mismo tiempo como documentos sobre la manipulación de lo real. Que son archivos de los sueños y, también, de los obstáculos que impiden su realización.

Unas veces, captando la simbología tal cual se nos ofrece en el paisaje urbano (*Pop Totem*), otras llevando hasta el fin un proyecto inconcluso (*Los afronautas*), otras contrastando el sentido primigenio de un fundamento con la vida posterior que lo sacude (*Party*).

En el imperio de la iconocracia, De Middel nos alerta de que la avalancha de fotografías noticiosas que se nos ofrece puede ser mentirosa. Y que las imágenes no sólo pueden servir para el sometimiento, sino también para recuperar la libertad de la mirada.

Retaguardia

Escribí *Teoría de la retaguardia* como duda y homenaje a *Teoría de la vanguardia*, el libro-monumento que Peter Burger había enfilado hacia las dos tareas más importantes que, a su juicio, tenía el arte en los años setenta del siglo XX: romper la representación y disolver la frontera que lo separaba de la vida. El fracaso en esta doble empresa habría certificado, según Burger, la derrota de la vanguardia y quizá algo peor: su imposibilidad.

Escribí una teoría de la retaguardia porque no me quedaba otra opción que bracear en el ámbito de ese gran fiasco, si bien no veía motivo para llorar por él ni mucho menos maquillarlo. Sobre todo, porque entendía que nuestra época no está marcada por la distancia entre el arte y la vida, sino por una tensión, también irresuelta, entre el arte y la supervivencia, que es la continuación de la vida por otros medios. (Medios más precarios).

Escribí *Teoría de la retaguardia* —apenas un rasguño a la obra maestra que refiere— por un problema con el sentido del tráfico. Por la incomodidad ante el tránsito de un arte contemporáneo que va dejando sus trozos en la política, la iconografía o la literatura, ámbitos desde los cuales regresa cada vez más maltrecho. Ámbitos que van obstruyendo, pero no impidiendo, la vuelta a su Ítaca de siempre: el museo.

Escribí una teoría de la retaguardia molesto con la proporción actual entre *ready made* y cultura. Porque cada vez que Marcel Duchamp resucita, y lo hace a menudo, se encuentra con que el *ready made*, como el dinosaurio de Monterroso, sigue todavía ahí. Un *ready made* que, cuando él murió en 1968, se comportaba como un capítulo del arte, la vanguardia o aquella revolución al alcance de unos adoquines. Un fragmento de esos estratos mayores que gobernaban la historia... Pero ahora, siempre que el maestro consuma el ritual de su regreso, se tropieza con que, al contrario de lo que ocurría en sus tiempos de artista vivo, son esos grandes temas —el arte, la vanguardia y la revolución— los que han quedado reducidos a meros episodios de un *ready made* que ya lo abarca todo. Valía la pena, entonces, escribir contra esa colonización, contra este presente adjetivado en el que cualquier cosa es susceptible de reciclarse como *artístico*. Un presente en el que, tal como sucedió con aquel urinario seminal, las cosas son cambiadas de sitio con el secreto fin de neutralizar el calado subversivo de su sentido primigenio. Da lo mismo que se les coloque en una galería o en un Parlamento. El *ready made* como el gran fagocitador de esta época en la que todo, desde lo más sagrado hasta lo más profano, ya es carne de museo: el comunismo y la Guerra Civil, el grupo armado Baader-Meinhof y los trajes de Gadafi, Guantánamo o la acción social (siempre y cuando la asumamos como «una de las bellas artes»).

Escribí, más bien vomité, una teoría de la retaguardia después de una indigestión en la que nuevas tecnologías y viejas vanidades se acoplaron para diseminar la continuación de la vanguardia por otros medios. ¿Qué significa «por otros medios»? Pues que, así como la guerra, según Clausewitz, consistía en una continuación violenta de la política, ahora el arte opera como una continuación *light* de ésta. Y si Duchamp, o más tarde Jeff Koons, le concedieron entidad artística a algunos *objetos* —el urinario, una aspiradora— por el hecho de colocarlos en una galería, ahora le ha llegado el turno a los *sujetos*.

Antes fueron las *cosas*, hoy son las *causas*...

Escribí una teoría de la retaguardia por elemental sentido de la autocrítica. Porque, si hasta hace muy poco el rechazo a sus procedimientos espurios venía de los enemigos del arte contemporáneo, hoy somos unos cuantos los que, desde ese propio mundo, nos resistimos a envasar al vacío las contradicciones sociales para servirlas más tarde con una lógica de supermercado, desde la cual la crítica queda convertida en denuncia, el discurso en retórica, la democracia en catarsis. Porque lo cierto es que, a estas alturas, resulta difícil sobrellevar estas operaciones que denuncian el crimen reproduciendo el crimen, que redoblan la dominación para que ésta resulte más evidente, y que llegan a la humillación de seres humanos... ¡para que podamos constatar la crisis del humanismo! Y todo, a base de ignorar que —salvo en los estereotipos de los paladines del llamado *arte relacional*— los «otros», los «sujetos subalternos» o los «sometidos» son tan diferentes entre sí como aquellos que los encasillan en sus presunciones.

Escribí una teoría de la retaguardia convencido de estar asistiendo al último ramalazo de una estética. A la confirmación de que aquel ciclo comenzado por Duchamp había llegado a su fin. Y, desde esa retaguardia, entendí que si ese declive era real, entonces ya no tenía sentido seguir hablando de eso que, perezosamente, llamamos arte contemporáneo. Como tampoco tiene mucho sentido seguir ciegamente a Peter Burger y a su *Teoría de la vanguardia*. Entre otras cosas, porque los dos retos que estaba llamado a vencer el arte según este teórico —su imposibilidad para disolver la representación y, en consecuencia, su incapacidad para unirse con la vida— se reflejan no sólo como una encomienda imposible, sino también caducada.

Escribí una teoría de la retaguardia con el afán de evitar la superposición de la doctrina sobre la duda, del mapa ideológico sobre el territorio de los hechos. Por apego a ese lugar, sombrío y sin fanfarria que le da sostén a la tropa. Y porque, si en la vanguardia todo es certeza, en la retaguardia casi todo es incertidumbre:

¿con qué contamos para seguir, cuántos heridos tenemos, qué munición nos queda, qué pertrechos para cuántos días? Por eso en *De la guerra*, la duda es la clave del capítulo titulado «Crítica». Allí, Clausewitz recomienda sospechar ligeramente de las causas, que todo lo justifican, incluidos nuestros errores más letales. Sería, más bien, en el ámbito de las consecuencias donde debería establecerse con más pertinencia esa crítica. En esa zona poco glamurosa de la guerra que se cobija en la retaguardia. Allí donde van a recalar las formas extremas de la supervivencia que no encuentran correlatos institucionales para alojar con solvencia sus nuevos retos.

Escribí una teoría de la retaguardia anonadado por la siguiente coincidencia: que una reafirmación tan enfática del arte político como la Documenta de Kassel, y un ataque tan feroz al tipo de arte que se congrega allí como el que suele esgrimir el novelista francés Michel Houellebecq, escogieran la misma figura para nombrar sus antitéticos alegatos: *Plataforma*. Esto ocurrió en el año 2008, el de la crisis financiera del capitalismo y el de la publicación de la novela de Eggers, *Qué es el Qué*. Y esa similitud nominal entre una política de izquierdas y una cínica de derechas, visto desde una estética de la supervivencia, induce a considerar las cosas de otra manera. Probablemente, las plataformas que más nos convengan no sean las que aluden a su aserción como «programa» o «estrategia», sino aquellas que aluden a su sentido físico. A unas balsas concretas capaces de ofrecer resuello a los supervivientes. A aquellos que se han movido entre la diferenciación zoológica del multiculturalismo (cada bestia en su jaula) y la disolución absoluta del estándar global. O a los que se han sacudido de encima el socialismo real y les ha venido encima el capitalismo irreal mientras intentan mantenerse a flote sin muchas alforjas.

Escribí una teoría de la retaguardia porque ignoraba cuál sería el arte futuro de unos artistas que habitan un mundo que lo niega. ¿Cuál el futuro de ese arte contemporáneo que ha preferido la inmortalidad al porvenir? Hace medio siglo, Blanchot lo dejó claro en *El libro que vendrá* (un libro de retaguardia futurista, sin lugar a dudas): «Cualquier arte se origina en una carencia excepcional». El arte futuro de una vida sin futuro tendría, según Blanchot, al menos una ventaja. Y es que el artista o el escritor —Blanchot los amalgama sin distingo— ya vendrían despojados del deseo de alcanzar «el poder y la gloria». Una insuficiencia que, por otra parte, se bastaría para dotar a las obras con otro sentido y modificar, tanto la experiencia del autor como la del encargado de leer o interpelar sus creaciones. El futuro de Blanchot prefiguraba una situación muy similar a la que hoy vivimos. Una atmósfera de «extraordinario batiburrillo que hace que el escritor publique antes de escribir, que el público informe y transmita lo que no oye, que el crítico juzgue y defina lo que no lee, que por último, el lector haya de leer lo que aún no está escrito».

Escribí una teoría de la retaguardia en ese punto exacto en el que Marcel Duchamp resucita, va más allá del *ready made* y profiere su autodefinición más agónica: «Soy un respirador». En esa frase se resume lo que significa pensar sobre y desde la retaguardia. Que no es otra cosa que pensar sobre y desde la supervivencia.

Selfi

En esta época gobernada por la iconocracia, es prácticamente imposible encontrarse un museo dedicado al autorretrato, pero muy fácil toparnos con uno dedicado al selfi. El primero se inauguró en Glendale, California, y es un parque temático dispuesto para que nos fotografiemos en distintas épocas, posiciones, acompañantes o paisajes.

Dado que la humanidad lleva siglos pintándose a sí misma, lo normal sería que el selfi fuera un episodio en la historia del autorretrato (como el *ready made* del que hablábamos en el capítulo anterior debiera serlo del arte). Pero, en este museo californiano, la lógica funciona al revés: aquí el autorretrato queda convertido en un capítulo del selfi.

Si algunos artistas intentaron, durante siglos, atrapar un «yo» en peligro de extinción, del «yo» expandido por el selfi no podemos desasirnos en ningún momento. Y si el autorretrato de otras épocas se aferraba, contra viento y marea, a una primera persona que resultaba difícil soltar, el selfi reproduce un «yo» ubicuo que resulta imposible reprimir.

De alguna manera, el selfi es el autorretrato de este presente en el que cualquiera, para dejar su huella en este mundo, dispone de medios que antes eran exclusivos de los artistas. La forma que adquiere el ego en una economía cuya sobredosis de oferta ha pulverizado cualquier jerarquía que hubiera podido tener, alguna vez, la demanda. Producimos más mercancías de las que podemos consumir de la misma manera que hacemos más fotos de las que podemos llegar a ver.

Se da el caso, además, de que esas mercancías y fotos no están ahí esperando por nuestra atención, sino para asaltarnos sin previo aviso. Al final, la demanda somos nosotros. Así, los criterios de *selección*, *cocción* o *digestión* que definieron a la cultura del siglo XX quedan sepultados. Y, con ellos, las teorías de Oswald de Andrade, Fernando Ortiz, Bronislaw Malinowski, Lévi-Strauss o Mijaíl Bajtín que le daban asidero a ese ciclo.

La megalomanía acrítica de este siglo XXI parece renunciar a buscar alternativas al malestar de la cultura, solazada en un egotrip para el cual yo soy yo y mi circunstancia, sólo que esa circunstancia… ¡también soy yo! (Y nadie más que yo).

Parafraseando la antigua conga cubana, «un autobombo, mamita, me está llamando».

¿De qué sirven tantos discursos enalteciendo al otro, si los dispositivos por los que viajan esos postulados no hacen más que brincar del *blink* al *zapping*, del wasap al tuit, del clic al like, siempre girando sobre nosotros mismos? ¿Para qué pasarnos el día y la noche compartiendo todo lo que hacemos si eso sólo funciona para transmitir nuestro ombligo? Al vértigo de este postfordismo ya no le basta con la autoexplotación, que hoy se resume en el «Hágalo (todo) usted mismo». Ahora, además, ésta ha de venir aderezada con el discurso onanista del «Hable (sólo) sobre usted mismo».

En esa circunstancia, las predicciones de Marcel Duchamp —todo puede convertirse en arte— o de Joseph Beuys —todo el mundo puede ser un artista— alcanzan su clímax. Aunque no debido a la democratización, sino a la masificación. Justo en ese punto en que la cámara lúcida —que invocaba Roland Barthes— pierde la tilde y se convierte, simplemente, en cámara *lucida*. El artefacto perfecto para espolear una vanidad que ha dejado de buscar «un rostro en la muchedumbre», pues ya la multitud no es otra cosa que el Googlegrama de un rostro indiferenciado que somos todos y nadie, yo y ninguno, vivos y muertos.

El novelista español Manuel Vilas ha escrito sobre el impacto de todo esto en la literatura. Desentendiéndose de la autoficción, este narrador da por bueno el «destape del yo» en la novela posterior al franquismo, obligada a ganar en autobiografía lo que necesitaba perder en pudor. El crítico cubano Gilberto Padilla contrapone a esta visión una teoría más extrema, llegando incluso a detectar la existencia de una literatura-selfi que se explaya desde la compulsión de los escritores por retratarse hasta las poses en las solapas o el autobombo casi obligatorio en las redes sociales.

Si traspasamos el tema al arte contemporáneo, encontramos que el crítico estadounidense JJ Charlesworth es aún más apocalíptico con esta eclosión narcisista. Para él, no estaríamos hablando de un síntoma aislado sino de un descalabro estructural que abarca a todo el sistema y que, finalmente, acabará por «matar al arte».

No conviene subestimar la constante megalómana de la historia del arte, cuando no existían ni selfis ni redes: basta un viaje desde Picasso hasta Warhol con escala en Dalí. Ni olvidar que, a la inversa de esa catarata de superyós, se ha remado arduamente a contracorriente de la hoguera de las vanidades, activando la crítica o directamente la burla contra ésta.

Tampoco omitamos aquellos años noventa que cerraron el siglo XX con una dedicación insufrible a exponer desayunos familiares, listas de todo tipo, camas sin hacer, restos del aburrimiento cotidiano...

El proyecto Selfiecity, por su parte, hurga en el repertorio de los posados y las estadísticas demográficas que éstos arrojan. Menos poéticas se presentan las gamberradas de Nutscaping y sus fotografías de paisajes sublimes con la presencia de genitales en primer plano. O las acciones radicales de un tal Buddy Bolton, que va cortando palos de selfi de manera frenética por Nueva York.

Exposiciones como *Yo, mí, me, contigo*, ideada por Pedro Vicente, han explorado una autobiografía en la que gana importancia la vida de los otros al tiempo que se rebaja la idolatría del artista como genio.

El autorretrato, a fin de cuentas, siempre fue un vehículo para afrontar el mundo desde un yo derrotado de antemano y que, por eso mismo, estaba obligado a hablar más allá de sí mismo. Entre una pintura de Da Vinci y otra de Van Gogh, entre una fotografía de Ramón y Cajal y otra de Diane Arbus, encontramos una navegación directa o sutil contra la marea.

Más allá del uso de cualquier soporte actual, quizá convenga recuperar ese espíritu. Trastocar el ya alcanzado imperativo de Warhol por el derecho de todos a quince minutos de fama, y reivindicar, de vez en cuando, el derecho a quince minutos de invisibilidad.

Trabajo

Una vez sofocada la pandemia de covid-19, mucha gente decidió que la revolución que tenía por delante consistía en no volver al trabajo. Fue así que se generó un movimiento llamado, de manera algo ampulosa, la Gran Dimisión. Esta renuencia pronto alcanzó un impacto mayúsculo, básicamente porque venía de Estados Unidos, empaquetada, etiquetada y envasada al vacío como una gran emisión. En cualquier caso, tiene su importancia que una negación multitudinaria del trabajo nos llegue del país que hasta hace poco lo había encumbrado como elemento inherente del sueño americano. Pero si escarbamos un poco, no es tan original esta renuncia que, como el famoso fantasma de la revolución del proletariado, hoy recorre el mundo convidándole a dispersarse en el ocio antes que a unirse en la fábrica.

Sin tanto pregón, en el Caribe se viene *grandimitiendo* desde los tiempos de la esclavitud y no es casualidad que Paul Lafargue, gran ideólogo de la pereza como arma anticapitalista, naciera allí en una familia de plantadores. La combinación de los caribeños con la vagancia suele rozar el estereotipo, pero esta renuncia masiva permite darle la vuelta al cliché y asumirlo como una punta de lanza capaz de inocular, en el corazón de la ética protestante, un componente desestabilizador y, acaso, pagano.

De algún modo, este movimiento pone contra las cuerdas las teorías que todavía sostienen la esperanza de un trabajo digno. También actualiza el derecho a la pereza que Lafargue situó en la tradición marxista como una cara B de *El capital* que le debemos a su suegro. Es pronto para aventurar si algo de esta Gran Dimisión —con todos sus fuegos fatuos— conseguirá mellar el ritmo frenético de la hiperproducción sobre la que descansa este sistema. No está de más recordar que este ímpetu acarrea una tradición recurrente que incluye a Felipe de la Guerra y Gotthold Ephraim Lessing. A Bertrand Russell y a Jacques Leclercq. A Oriol Quintana Rubio y Mario Quintana.

En esta tercera década del siglo XXI, a mí me parece que Paul Lafargue es una escritora mexicana llamada Vivian Abenshushan. Novelista, ensayista y editora, Abenshushan ha conseguido, en los últimos quince años, un sistema coherente. Así lo testimonia su proyecto Tumbona Ediciones, que proclama «el derecho universal a la pereza» y ofrece hospitalidad a «libros con espíritu heterodoxo e irreverente, libros con vitalidad estética y riesgo intelectual, libros impuros que puedan ir de un lado a otro de las ramificaciones artísticas». Y así queda evidenciado en *El clan de los insomnes*, un volumen de relatos alrededor de la productividad latente del no dormir.

Si Marcel Duchamp —otro supuesto vago— se dedicó a hacer una obra «definitivamente inacabada», Abenshushan aventura, en su reciente *Perfecta obra negra* (Sexto Piso), una «obra inconclusa y al mismo tiempo imposible de concluir». Al final, este libro funciona como un canon del trabajo literario y un manifiesto antiesclavista múltiple. Aquí la figura del barco de esclavos la acerca a un sociólogo como Marcus Rediker y a artistas como Manuel Mendive y Rogelio López Cuenca.

Abenshushan podría perfectamente conectarse con Diego Santomé comisariado por Bea Espejo, el artista uruguayo Marco Maggi o el serbio Mladen Stilinovic, reivindicado por Loreto Garín Guzmán.

La pereza aparece como un pecado capital para los cristianos, pero también para los productivistas del capitalismo, los moralistas de toda ideología. No hay tiranía que no acredite leyes férreas contra la vagancia como parte del repertorio de represión profiláctica de la sociedad. Incluso en la esfera editorial son mal vistos los escritores poco productivos, negados a seguir la cadena frenética de hiperpublicación que atenaza ese mundo. El tedio, el *spleen*, son tratados como actitudes decadentes y nocivas.

Pero, pese a los manuales de ayuda para derrotar a la pereza o convencernos de que la acidia es la culpable fundamental de la pobreza, lo cierto es que crece la idea de que el trabajo no te hace libre, una de las graves enseñanzas de Auschwitz.

Si en 1989 el paso a la producción digital significó una mutación en el *sentido* del trabajo, en este tiempo la pandemia ha servido para afianzar una transformación en el *espacio* de ese trabajo. Hace treinta años se tiraban muros que dividían países. Hoy el departamento de derribos ha pasado a ocuparse de las fronteras que atomizaban el ámbito laboral y el doméstico. En 1989 millones de personas quedaron a la intemperie, una vez demolido el Estado vigilante y a la vez protector del comunismo. ¿Qué mejor paliativo, ahora, que hacer descansar la explotación en tu propia casa, con techo, sofá, internet y a resguardo de cualquier cosa parecida a una comunidad?

La gran dimisión es una trampa y un afianzamiento de ese cambio. Aprovechemos, como el método Abenshushan, lo que puede ofrecernos en lo pequeño y en nuestra escritura. Pero no caigamos en la trampa de ignorar que esta mutación ha cambiado la explotación hasta colocarla en el sofá de nuestra casa.

Utopía

En 1516, Tomás Moro publicó su *Utopía*. El sexto capítulo del libro está dedicado al viaje de los utópicos, ciudadanos explayados en un «honesto holgar» e inmersos en una situación de «abundancia de todas las cosas», tan bien repartidas que «nadie puede ser pobre ni mendicante». Cinco siglos después, la iconofagia sigue teniendo una deuda con Moro.

No importa que estos sean tiempos postutópicos en los que, por obra y gracia del turismo, el viaje se haya convertido en un itinerario que va de la utopía al tópico. Que aquel «honesto holgar» empiece hoy en una agencia de viajes y la utopía, en apariencia, se haya convertido en una experiencia de dos semanas al sol.

Dice Jorge Luis Marzo que el turismo es otro «ismo» de la cultura moderna. Si esto es así —y no encuentro razón para negarlo— la estética de esa corriente estaría alojada en la publicidad, el verdadero agit-prop que nos convoca a unas vacaciones en el trópico antes que a la consecución de una sociedad ideal. La base del turismo no está montada sobre esa igualdad de oportunidades que imaginó Moro; mucho menos sobre un encuentro de abundancias. Más bien, lo rige un intercambio de carencias, un tráfico de vacíos por llenar. Regido por eso que se ha dado en llamar economía de servicios, el turismo ha sustituido aquellos mapas en blanco de los viajeros del Renacimiento por una postal cuyos paisajes nos esperan; pero no para ser descubiertos, sino para ser confirmados.

En lo que respecta a la cultura, se ha extendido el hecho de que museos, galerías o teatros formen parte del circuito que «vende» una ciudad. Así, el Hermitage o el Louvre, el MOMA o el Guggenheim, funcionan como esos iconos de «obligada visita»; tanto como las pirámides y las ruinas (de Grecia y Egipto, pero también de Sarajevo y La Habana).

El principal renglón cultural del turismo es la industria del estereotipo. Y sus efectos en la especulación, neocolonización o prejuicios sobre las otras culturas han sido suficientemente atendidos desde la sociología, el arte, la narrativa o el cine. Una economía de servicios da lugar a un arte, una literatura, una música de servicios; una cultura a la carta que, como los hoteles y otras diversiones, está creada para miradas externas.

Pero volvamos a la utopía, con la que he tenido una relación ambigua, de crítica y fascinación al mismo tiempo. En *Fantasía roja*, por ejemplo, viajé desde Graham Green y Jean-Paul Sartre hasta Buena Vista Social Club, pasando por Max Aub, Régis Debray,

Alfred Hitchcock, Oliver Stone, las variaciones de la famosa foto del Che Guevara o Belén Gopegui. En ese ensayo, entendí las obras de estos autores como un apartado del género utópico. Aunque no me pude ahorrar, entre muchas, esta observación crítica: «Mientras que los utópicos, por regla general, describían con detalle una vida mejor en ciudades lejanas, los autores visitados en este libro tienen poco que aportar sobre la vida cotidiana que sucede en Cuba, pues su interés parece centrarse en la crítica que supone el modelo cubano. Son muy pocos los que describen a conciencia quiénes son esos seres crecidos al sol de esa utopía caribeña. Y hay una razón muy sencilla para explicar esta carencia: la mayoría de los rapsodas desconocen esa vida. Les basta con conocer el capitalismo. Como sucede con el "orientalismo" escrutado por Edward Said, Cuba les ha servido para que Europa (y Occidente en general) se defina en contraposición a su imagen, su idea, su personalidad y su experiencia». Por eso el libro se definía como un recorrido a través de unas fantasías sobre la Revolución cubana «que han dado brillo, y nublado al mismo tiempo, un proceso mucho más laberíntico que lo descrito por estos intelectuales».

En 2010, cuando Josep Ramoneda, entonces director del CCCB, me convocó para realizar una exposición sobre la relación entre el arte y la ciudad en el siglo XXI, la titulé, sin dudarlo, de esta manera: *Atopía*. Tratando como una enfermedad, no demasiado localizable, el malestar urbano bajo la globalización. Una crítica al resultado de esa ciudad posterior y abstracta, abandonada a sí misma. Y a unos espacios urbanos que no se convierten en lugares concretos pero que tampoco podemos considerar utópicos. Porque han quedado detrás de nuestra experiencia y, si ya no parece posible que regresemos a ellos, tampoco se nos dibujan, como una meta, en el firmamento.

En 2019, cuando Valentín Roma me pidió otra exposición, volví al tema con una muestra de arquitectos y arquitectas cubanas que habían imaginado ciudades socialistas... ¡que el poder socialista nunca quiso construir! ¿El título de este proyecto? *La utopía paralela.*

Soy devoto de un cortometraje del cineasta cubano Arturo Infante, es una obra maestra y su título es, precisamente, *Utopía*. Esta pieza llevó al éxtasis paródico la diferencia entre instrucción académica y educación, canon y marginalidad, que ha traído como consecuencia la política pedagógica del modelo cubano. La traviata y lo vulgar, Borges y lo infame, el barroco y el dominó bañado con ron, en medio de una violencia evidente o latente configuran, en esta pieza sin fisuras, un cóctel tan explosivo como el molotov.

Todas estas posiciones críticas, incluida la mía, no han frenado la continuidad de búsquedas utópicas. Layla Martínez, en *Utopía no es una isla*, recupera esas fantasías del pasado —las del Renacimiento y las panafricanas, las de las primeras comunas y las de la ciencia ficción soviética—, no sólo para reivindicar la posibilidad de otro futuro, sino para encumbrar el optimismo como un vehículo idóneo a la hora de canalizar el malestar del presente.

De hecho, el resurgir utópico hoy ni siquiera puede considerarse como la exclusividad de una izquierda ilusoria. En este sentido, llama la atención la persistencia de medio centenar de micronaciones que se han plantado en el mundo, con bandera e idioma incluidos. En medio del apogeo de tantos nacionalismos sin Estado, sorprenden estos micropaíses que pueden acreditar territorio y gobierno. Demarcaciones que no aluden a la citada Utopía de Moro, ni a la Ciudad del Sol de Campanella, pero que tampoco guardan demasiado correlato con Cataluña, Escocia o el Brexit, pongamos por caso. Son pequeñas jurisdicciones con su historia y su cultura, aunque no demasiado patriotismo, en las que queda resuelta la mezcla de realidad y ficción que trae aparejado cualquier ensamblaje nacional.

Esto queda recogido en el *Atles de micronacions*, de Graziano Graziani, libro que no se comporta como una fantasía ni como la teoría de una aspiración política, sino como una agenda concreta con los datos precisos de estos emplazamientos. Da lo mismo si se trata de la República Roja de Caulònia —situada en la península itálica y donde se habla calabrés o italiano— o de la República de Kalakuta, ubicada en Nigeria y con el inglés como lengua oficial. Del Principado de Sealand —batido por el mar del Norte— o del Reino de Redonda —bañado por el mar Caribe—.

En algún caso, el estatuto microscópico no se refiere a un problema de tamaño —algunas de estas naciones pueden abarcar toda California o parte de la Patagonia—, sino a su nula importancia en el orden mundial.

De las utopías, asumen la imaginación y una cierta filiación monárquica (reyes y príncipes no faltan en su modelo político), pero también un punto libertario propio de aquellos que han plantado sus tiendas a un costado del mundo. Las micronaciones recogidas por Graziani han sido alentadas por la literatura y, al mismo tiempo, por la política y el fraude. Las impulsa un afán justiciero y a la vez un aliento pirata. Así pues, resulta difícil encuadrarlas en el regionalismo —nada que ver con algo parecido al ALBA o la Europa de las regiones— o en las patrias virtuales tan al uso en internet. Más bien, parecen encaminarse a un sueño de soberanía personal plena, sólo asumible desde el estatuto improbable de «individuos-Estado». En cualquier caso, estos países no han sido reconocidos nunca y su amenaza, si la hubiera, sólo acecharía a nuestros estados mentales.

Suelen ser multilingües y lo mismo pueden ofrecer la ciudadanía de honor a Sadam Husein (como ocurre en el Territorio Libre de Mapsulon) que erigirse en honor de Frank Zappa (como sucede en Uzupis). También implican a espacios reales que podemos visitar en países concretos, tal cual la ciudad Libre de Christiania, en Copenhague.

La misma Dinamarca fue pionera en un caso de diplomacia muy singular, al hilo de esta idea. Resulta que sus políticos se percataron de que hay empresas con más poder que muchos Estados. Así que decidieron nombrar embajadas virtuales ante esas corporaciones con un producto interior bruto y una influencia global mayor que decenas de países. Puede esperarse que la medida cunda, y que pronto veamos a nuestros embajadores presentando sus cartas credenciales ante las plenipotenciarias repúblicas de Ikea («La república independiente de tu casa»), Google, Facebook o Twitter.

Cuando Cristina de Middel, como hemos visto antes, renunció al *qué* del fotoperiodismo para dedicarse al *cómo* de una fotografía narrativa más próxima al mundo del arte, uno de sus primeros proyectos fue *Los afronautas*. Allí recogió que, según algunas leyendas ancestrales, los africanos también van al cielo después de la muerte. A veces directamente, sin calvario ni limbo, convertidos en pájaros o mariposas. De Middel recupera una historia que nos confirma que los africanos, además del cielo, intentaron alcanzar el cosmos. Que buscaron en vida, allá por los años sesenta, como los estadounidenses o los soviéticos, su propia odisea del espacio.

El programa de una «cosmonáutica africana» surgió paralela a la independencia de Zambia, gracias a Edward Makuka Nkoloso. Este profesor imaginó en 1964 (y cinco años antes de que Neil Armstrong pisara la Luna) un proyecto para que África también se asomara a la estratosfera. El profesor Makuka soñaba con un cohete en el que viajarían doce astronautas y diez gatos. Por soñar, soñó incluso con la ayuda de la UNESCO (llegó a solicitar formalmente una financiación de siete millones de libras) y con Zambia tuteándose con Estados Unidos y la Unión Soviética en el espacio sideral.

Hay proyectos fracasados porque no llegan a buen puerto. Éste fracasó porque ni siquiera salió de puerto alguno.

Con toda la precariedad imaginable, y valiéndose de unos entrenamientos más que rudimentarios —una de las preparaciones consistía en tirar montaña abajo al futuro cosmonauta dentro de un barril—, al final el plan no sólo fracasó sino que, de tan descabellado, parecía condenado al olvido…

Hasta que una fotógrafa destapó aquella aventura y, valiéndose de la ficción, consiguió imaginarle un colofón distinto a aquellos sueños africanos de tener «mañana la Luna».

Con una estética que nos remite a la mezcla entre una versión tercermundista de la serie *Lost* y las ruinas de bases espaciales rusas, *Los afronautas* establece una parábola entre la soledad de un cosmonauta en el espacio y la soledad del continente africano en la Tierra. Al mismo tiempo, se niega a aceptar el encasillamiento al que éste ha sido sometido en su propia utopía. A fin de cuentas, el continente del que se alaban las mejores vistas de las estrellas en la noche ¿por qué no puede darse la oportunidad de viajar hasta ellas?

Vigilancia

Estamos rodeados de cámaras de vigilancia. Cámaras que, nos dicen, velan por nuestra seguridad, aunque es evidente que, sobre todo, velan por lo que podamos hacerle a la seguridad de otros.

En todo esto hay una ecuación que no falla: mientras más poder tiene alguien, dispone de más cámaras de vigilancia que le protegen. Por decirlo de alguna manera, el poder con cámara es el uso absoluto del poder de la cámara. En los coches, las casas, los garajes, las piscinas, cualquier sitio.

Desde estas zonas altas de la sociedad, las cámaras vigilan y a la vez disuaden. Como dejándonos claro que, hagamos lo que hagamos, estaremos registrados y pagaremos por ello tarde o temprano.

Al revés, la ecuación tampoco falla. Mientras más desahuciado está uno en esta vida, menos cámaras tiene a su disposición. Y mucho menos cámaras «amigas» que puedan auxiliarnos cuando se violan nuestros derechos o nuestra integridad.

En un mundo en el que todo se graba, hay que

buscar la jerarquía de lo grabado, porque así sabremos la jerarquía de los grabadores. Tal vez, así consigamos romper el mito, falso, de la igualdad en la era digital. Transparentar que somos muchos los que entregamos nuestras imágenes y nuestros datos, mientras que son pocos los que sacan provecho de todo esto.

Siempre recuerdo que, en la misma semana que el mundo demandaba ver el cuerpo muerto de Osama Bin Laden, se certificó la ausencia del artista chino Ai Wei Wei en sus exposiciones de Londres. Parte de la opinión publicada hablaba de la necesidad del cuerpo vivo de Bin Laden para que éste pudiera juzgarse. En el caso de Ai Wei Wei, se requería su presencia, ante todo, para que pudiera defenderse.

Por esos días, Joan Fontcuberta decidió publicar, en el suplemento *Culturas* de *La Vanguardia*, «Por un manifiesto posfotográfico». En él, diseccionaba los distintos usos de la fotografía y los gajes de un oficio, el de fotógrafo, próximo a desaparecer. Aunque, curiosamente, no por su extinción sino por su *proliferación*.

La transformación de la fotografía en un hobby; y de la cámara en un apéndice prácticamente humano (incluso inhumano, ya hay mascotas que hacen fotos), ha generado una mutación sin precedentes en la producción, distribución y consumo de las imágenes mediante las cuales hoy narramos el mundo.

«Probablemente —abunda Fontcuberta— hoy Alonso Quijano no enloquecería en las bibliotecas devorando novelas de caballería sino absorto frente a la pantalla calidoscópica del ordenador».

Una de las piezas que Ai Wei Wei iba a exponer en la Lisson Gallery, de Londres, consiguió un quiebro en esa apoteosis de la fotografía. *Cámara de vigilancia* (así su título) estaba concebida como una escultura de mármol. Y esa condición marmórea del objeto se proponía como todo un contraste con la debilidad del vigilado; la presencia pétrea de la escultura de una cámara contrastaba con la ausencia del artista.

La cámara, aquí, dejaba de funcionar como una prótesis de nuestro organismo, y quedaba como un icono escultórico de veneración estética.

Un fetiche listo para el mercado de arte.

Wifi

El *Diccionario de la lengua española* acepta el término wifi, en masculino, como un «sistema de conexión inalámbrica, dentro de un área determinada, entre dispositivos electrónicos, y frecuentemente para acceso a internet».

El mismo diccionario concede al término «cobertura» nueve acepciones. Como «cubierta» que se usa «para tapar o resguardar algo». Como «cubierta, cubertura, revestimiento, capa, cobija». Como «cantidad o porcentaje abarcado por una cosa o una actividad». Como «extensión territorial que abarcan diversos servicios, especialmente los de telecomunicaciones»: hay «cobertura regional» o «nacional». Como el «conjunto de medios técnicos y humanos que hacen posible una información». Como «línea defensiva», tanto en el fútbol como «en otros deportes». Como «acción de cubrirse» o «prevenirse de una responsabilidad». Como «metálico, divisas u otros valores que sirven de garantía para la emisión de billetes de banco o para otras operaciones financieras o mercantiles». Como «ceremonia por la cual los grandes de España tomaban posesión de su dignidad poniéndose el sombrero delante del rey». Como «encubrimiento y ficción».

Nada dice en «wifi» sobre la cobertura. Nada dice en «cobertura» sobre el wifi.

Las coberturas sociales —médicas, culturales, habitacionales, educativas, laborales, familiares— no entran tampoco. Ni siquiera dentro del apartado «en desuso».

En una época en la que estas coberturas merman o desaparecen, nos consolamos con tener cobertura para el wifi. Acaso sea esta la única que parece desesperarnos, la única que se nos ofrece, la cobertura virtual e intangible de la que ya no podemos prescindir aunque todo a nuestro alrededor esté siendo depredado.

Xenofobia

Hace unos años, esta noticia le dio la vuelta al mundo: la aerolínea Ryanair tuvo el detalle de cambiar de su puesto a una mujer porque su vecino de asiento se negaba a viajar a Londres cerca de su cara «negra y fea». Este individuo, un sujeto feísimo, ni siquiera fue expulsado del vuelo, que es lo que tenía que haber pasado. Simplemente, se quedó solo en su fila, rumiando su racismo y ajeno a cualquier espejo que le devolviera su propia monstruosidad.

Esto ocurrió en el corazón de Europa, y no faltó tiempo para que este dinosaurio justificara su fascismo cotidiano con la afirmación de que él hablaba «sin complejos».

De un tiempo a esta parte, el «sin complejos» se ha convertido en la muletilla perfecta de todos aquellos que se ufanan de ser «políticamente incorrectos». Así que no es de extrañar que aparezca a menudo en los discursos extremos de los Orbán o los Trump o los Milei de este mundo que se precian de decir las cosas claras.

Para estos «desacomplejados», los problemas no se resuelven. Directamente, se aniquilan. Y lo mismo expulsan en masa que ponen muros en sus fronteras o pasan por alto el desliz criminal de cualquier tiranía con la que cuadren bien las cuentas.

Actuar sin complejos implica no complicarse la vida con los derechos humanos, la pobreza, el calentamiento global, la democracia misma. De la misma manera que hablar sin complejos implica, para esta tropa, adjudicarse el derecho de ofensa allí donde les haga falta.

Que esta gente no tiene complejos ya lo sabemos. Lo que asusta es que tengan tan poca complejidad.

La actitud del troglodita del avión es la actitud del que se ve siempre amenazado por los bárbaros. Como aquellos clientes de un bar en Sudáfrica que protagonizaron el libro de Coetzee. Gente fronterófila, siempre dispuesta a no dejar entrar y, si esto llegara a pasar, a no dejar estar. Este odio a los extranjeros, que define la xenofobia, no empezó ahora, desde luego. Del vecino más cercano al extranjero más lejano pueden ser objeto de odio y temor al mismo tiempo. Como también lo es el miedo a la contaminación, a la mezcla, al mestizaje sobre el que ha avanzado el mundo por siglos.

Todo este asunto puede reducirse a la ignorancia. Si el imbécil del vuelo a Londres dirigiera un país no querría negros ni feos. Como Orbán no quiere extranjeros. La historia está llena de defensas a ultranza de las invasiones —lo cual puede ser positivo—, y también de levantamiento de muros tremendamente negativos. Llama la atención el hecho de que entrar en Europa, para algunos países del Este, no fue más que un paso necesario para cerrarla desde dentro. Una vez armados con la llave de la Unión, unos cuantos países empezaron a usarla para pasar el pestillo.

Cuánta retórica gastada por los antiguos países comunistas —como Hungría, Polonia o Serbia— sobre el derecho a romper los muros de la Guerra Fría en aras de ser aceptados en el nuevo club de Occidente. Un club que, dicho sea de paso, significó subvenciones, libre circulación entre miembros, una prosperidad inédita para la mayoría.

Ahora, una vez instalados en el paraíso europeo, se tira a la basura aquella retórica democrática. Y donde se dijo «continente» ahora se dice «país», y donde se gritó «abajo el Muro» ahora se grita «vivan las fronteras».

La consigna pasa por cerrar las puertas a cal y canto, señalando a la inmigración como una amenaza intolerable.

Ni los lemas que levantaron la democracia occidental —«libertad», «igualdad», «fraternidad»—, ni los que ayudaron a conseguir el desplome del comunismo —«transparencia», «reconstrucción», «solidaridad»—, tienen hoy la menor importancia al lado de un tuit de Donald Trump, alguna andanada de Le Pen, la xenofobia galopante disfrazada de sentido común.

Hay que verlo para creerlo: tanto pedir por la democracia para acabar en la intolerancia. Tanto demandar la aceptación hacia uno mismo para terminar en el rechazo a los otros. Y tanto pedir por el fin del viejo Muro para correr a abrazar los nuevos que hoy se levantan en cada frontera.

Pero ¿quiénes son estos bárbaros, sino nuestro espejo? Son humanos, demasiado humanos, y por eso el primer paso para cerrarles la puerta consiste en hacerlos pasar por un proceso bien pensado de deshumanización. No es casual que la xenofobia hacia lo externo se transforme en racismo dentro de los países. Como si vuestros niños no empezaran la vida cuidados en manos de extranjeros y vuestros abuelos no acabaran la suya en esas mismas manos.

En cualquier caso, resulta imposible evitar que, en esta era que cumple el sueño del turismo espacial, una avalancha de hombres, mujeres y niños irrumpa cada día en nuestras ciudades y costas. Se trata de individuos que traen consigo la escala antigua de lo humano, una desnudez que nos sitúa ante la humanidad que fuimos y hoy parece olvidada o lejana. Los titulares de prensa les llaman «oleadas», como si se tratara del vaivén cíclico de las mareas o las cosechas, de las lluvias o una plaga de moluscos. Sólo que si a estos últimos los determina la ley de la naturaleza, los náufragos de esta aventura están regidos por la Ley de Extranjería. Una ley delatada en su propio nombre, puesto que en realidad debería llamarse, y ser, Ley de Ciudadanía.

Todo ello va aderezado con una campaña policial e informativa que se dedica a atizar la alarma ante esos seres humanos, vivos o muertos, que inundan cada día nuestros territorios y se presentan, de súbito, como un recordatorio al pretendido mundo global que llega con más puntualidad que el más sofisticado de los correos. Estos navegantes singulares tienen un problema: no cumplen los requisitos internacionales de estandarización y, por si fuera poco, la única fortuna que poseen es, cuando la tienen, el precario artefacto por el que entran a la globalización a través del océano; sea una balsa o una patera, una embarcación primitiva o el dinero pagado a las redes mafiosas.

En medio de la falsa igualdad que propone el proyecto global comienza a surgir este archipiélago humano que monta y desmonta la geografía de las naciones como se monta y desmonta una tienda de campaña después de haber quedado fuera del mundo.

Frente a la estandarización global que impone Occidente hacia otras costas, pero también frente a las murallas que levantan los campeones de las almas nacionales, surgen estas respuestas que convierten al primer mundo en un espacio «tercermundista».

Esas «oleadas humanas» navegan, y se hunden, entre la melancolía de los nacionalismos y el terror de caer al vacío que provoca la globalización. Entre lo pequeño y lo grande. Entre el habitáculo protegido y vigilado del hogar y la escala expandida y desconocida de la intemperie.

Estos humanos, en realidad, han emprendido una odisea. Esto es, un viaje de regreso hacia territorios que otros, antes que ellos, habían abandonado para lanzarse a la conquista del mundo. Sólo que ese retorno está marcado por la tragedia de una flotación infinita en terreno de nadie. No tienen cabida ni en el amor nostálgico por el terruño de la patria pequeña ni en el vértigo hacia el vacío que aparece en el horizonte de la globalización. Son demasiado extraños y problemáticos para las fantasías de los unos y los otros. Sus balsas navegan y se sumergen entre estos dos fuegos, provocando un cuestionamiento profundo de nuestra mala conciencia geográfica. La verdadera invasión al primer mundo no la consiguieron ni el Che Guevara ni las guerrillas de la década de 1960, sino estas tropas que desarticulan lo local y lo global, lo privado y lo público, lo nacional y lo extranjero, lo primitivo y lo moderno. Como una demostración de que, entre la Ley de la Selva promovida por el canon neoliberal y la Ley del Zoológico, de los que vociferan su identidad impoluta embelesados en su ombligo, hay caminos que es necesario afrontar.

De nada servirá que una política de la seguridad se enfrente a una política de la desesperación (porque en tales inundaciones hay también una política, una disidencia notable con la forma en que está gestionado el mundo). Entre la dictadura y la inercia, entre lo global y lo local, entre las utopías y las intemperies, estos integrantes de la especie han regresado a nosotros para desnudar las hipocresías de una globalización que, al mismo tiempo que pregona un mundo sin fronteras, se ocupa de reprimir a aquellos que deciden cruzarlas.

Yuxtaposición

Escribimos y editamos y leemos al mismo tiempo. Realizamos y vemos y compartimos imágenes a la vez. Se compone y se oye y se lanza música hasta que te la rebotan al instante. Es así esta era de la simultaneidad, que no puede entenderse sin la intercepción y la interactividad añadidas, a gran escala y todo el tiempo. Una época prefijada en *El Aleph*, de Borges —que inventó internet, según Umberto Eco—, el lugar «donde están, sin confundirse, todos los lugares del mundo, vistos desde todos los ángulos».

En este ámbito multitareas, el intelectual resulta un ser remoto (por no decir arcaico), que una vez perteneció a una élite tragada ahora por una jauría de tiktokers, instagramers, tuiteros, booktubers... El cacareado desplome de esas élites es la consecuencia lógica de esta era yuxtapuesta avezada en quebrar el orden del tiempo.

Lejos quedan las viejas figuras del mundo «aurático». Ese en el que todavía un artista retrataba por quienes no podían ver así como un intelectual escribía por quienes no podían hablar.

Las tecnologías aplicadas, la literatura comparada, el todo en uno, la integración en el teléfono móvil, la pansexualidad, las enfermedades atópicas, el corta y pega... Todo ello indica que la era de *El violín de Ingres* ha caducado. Como la separación entre la noche y el día, el espacio laboral y el doméstico, el hobby y los deberes.

Leo, mientras cavilo sobre esto, *Wittgenstein, los gitanos y los flamencos*. Cuando Pedro G. Romero concibe este libro, está armando, además, el proyecto de una posible exposición y una comunidad —un cuarto de gramo de utopía— en la que resulta posible la convivencia. Este libro de las yuxtaposiciones es una novela (según su autor) y un ensayo (según su editor).

En esta simultaneidad tenemos muchas identidades, también múltiples desarraigos. Uno puede elegirlas, también disolverlas. Como se diluyen las fronteras entre escribir y leer, fotografiar y posar, actuar y filmar, contemplar y templar.

No hay paciencia para sostener esa secuencia sucesiva del planteamiento-nudo-desenlace. El conteo para salir al cosmos empieza por diez y al número ocho el cohete ya está abandonando la atmósfera. Nuestra ruleta rusa se hace con todas las balas a la vez. Nos disparamos a la cabeza en modo ráfaga.

Esta es la época en la que el mundo ya cambió.

El corte y pega, *copy & paste*, ya es un clásico de esta cultura. Así que cualquiera hace uso de este truco para presentar sus trabajos de fin de curso. O su tesis doctoral. O lo que sea.

Así que el antiguo plagio ha quedado desfasado ante un modelo de apropiación que, incluso, puede llevar menos esfuerzo.

Ese corte y pega ha construido prestigios, regalado títulos, famas diversas, fortunas. Se usa, por ejemplo, para armar discursos en parlamentos de todo el mundo. De modo que, detrás de los políticos actuales puede esconderse la voz de un Cicerón, un Napoleón o un Churchill (rara vez su inteligencia).

Para la cultura del corte y pega, no hay nada nuevo bajo el sol; como decía Sinuhé, aquel médico egipcio que anticipó la neurocirugía.

¿El papelito escondido con las respuestas? ¿El sistema de señas? Todo eso ha pasado a mejor vida, incluidos artilugios más modernos, como los micrófonos invisibles.

Los defensores de la yuxtaposición invocan en su favor antecedentes ilustres, como es el caso del collage, y llegan a reafirmar a Picasso como un precursor en esto de cortar y pegar.

La vida yuxtapuesta nos hace ganar tiempo y acortar espacio. Es, acaso, la forma imaginaria de la ubicuidad. Nuestro último intento por ocupar el trono, múltiple y total, de Dios.

Zoom

Llámenme zoombie.

Llámense zoombies.

Después de la pandemia, todos hemos pasado a engrosar la generación Zoom. (Por resumir en este término todas las formas de tele-reunión).

Da igual que queramos regresar al trabajo o nos convirtamos en gran-dimisores. Que nos comportemos como teletrabajadores o teleobjetores de la vuelta a la oficina, la fábrica, el estudio.

Con esas mesas —¿o eran sillas?— calientes, que en realidad significan los empleos calientes, el Zoom certifica, en unas cuantas pulgadas, el final de la vida doméstica. (Al menos, tal cual la conocimos).

Ya lo hemos cantado en el capítulo de este libro titulado «Trabajo», pero no está de más repetir el estribillo. Si la caída del Muro de Berlín trajo consigo una transformación en el modo de producción, la pandemia provocó un cambio sin paliativos en el espacio de esa producción.

Es fácil hablar de la caída de la dictadura del proletariado, pero es más incómodo afrontar la caída del proletariado, a nivel demográfico y simbólico, a secas.

El aprendizaje del capitalismo ha sido muy claro con la pandemia. A partir de ahora, buena parte de la explotación tendrá lugar bajo techo, con sofá, plataformas y en eso que hace muy poco era el perímetro privado e infranqueable del hogar. En esa circunstancia, el Zoom y sus variantes se convierten en el vehículo idóneo de la comunicación.

Al final, es como si todos hubiéramos acabado trabajando en la NASA. Mírenme tomando un yogur o un café mientras me reporto desde la pantalla, que es el marco y la ventana. La claraboya y la escafandra. El parabrisas y la cabina del astronauta. Llamando a tierra...

Michel Focault —no sé si todavía se puede citar en medio de estas guerras culturales lideradas por *hardliners*— dijo una vez que el siglo XX sería deleuziano. Pues bien, el Zoom confirma que el siglo XXI será viriliano; y que, fracasado el fin de la historia, hemos entrado de lleno en el fin de la geografía.

En esa explanada en la que el accidente reina sobre el encadenamiento convencional de los acontecimientos, las consecuencias sobre las causas, la ciudad sobre la nación, los afectos sobre las teorías.

Si, como pensaba Paul Virilio, nuestro síntoma urbano más redundante es el pánico, el Zoom —que resume la videoconferencia, el chat, la videollamada y aplicaciones similares— es el método de comunicación perfecto para esa ciudad del miedo que ya ha dejado de ser un espacio de congregación para convertirse en el territorio de la atomización.

Es curioso que una aplicación surgida en China —fue lanzada, según Google, por Eric Yuan en 2012— haya multiplicado exponencialmente su uso a partir de una pandemia detectada en ese país.

El caso es que el *blink* y el *zapping* de nosotros mismos, y la autofagia y el bar, la democracia y Fontcuberta, la inteligencia artificial y la guerra cultural, la hipernormalizacion y Occidente... todos los episodios de este libro suceden en la proximidad de este Zoom que nos acerca sin tocarnos. Todos esos términos están hechos para acabar ahí. Para empezar ahí. ¿La imagen de esta época?, me preguntaba en los primeros compases. ¿El atentado contra las Torres Gemelas, el niño Aylan muerto en la orilla, los protagonistas anónimos de la protesta, el asalto al Capitolio? Tal vez, ninguna de ellas.

La imagen de esta época somos nosotros en la pantalla.

Como dice el bolerista, la distancia se resiste a ser el olvido, así que se ha afanado en dejar de ser la distancia.

Hubo un momento en que el mundo del arte se vio obligado a volver a casa. Una vez cerrados galerías y museos, el artista regresó, como un dios antiguo y doméstico, al altar en el que solía tintinear en tiempos remotos. Después de desorbitarse empujado por todos los intermediarios imaginables, retornó a una galaxia hecha a su medida.

En este lapso, la casa, el cuerpo y el cerebro del artista se bastaron por sí mismos. Y cada obra fue transmitida en directo sin otra mediación que no fuera la pantalla.

El Zoom, entonces, se convirtió en el éxtasis de la exhibición, pero también de la conversación. La entronización rotunda y absoluta de una nueva forma de literatura visual.

«Todo era para siempre hasta que ya no lo fue más», nos dice Alexei Yurchak. «La luz era para siempre, hasta que no hubo luz», nos dice Lina Meruane. La distancia era para siempre hasta que no hubo distancia.

Zzz.